Monika Leonhardt
Helle Tage – Dunkle Tage

Monika Leonhardt

Helle Tage – Dunkle Tage

Rediroma-Verlag

Bibliografische Information der Deutschen Nationalbibliothek:
Die Deutsche Nationalbibliothek verzeichnet diese Publikation in der Deutschen Nationalbibliografie; detaillierte bibliografische Daten sind im Internet über http://portal.dnb.de abrufbar.

ISBN 978-3-98527-717-9

Umschlagillustration:
ImageFlow und Sudowoodo
(shutterock.com)

www.rediroma-verlag.de
10,95 Euro (D)

Inhalt

Bodo auf Abwegen

Heute will ich euch eine Geschichte erzählen, die genau so passiert ist, wie ich sie euch schildere. Da ist nicht ein Fünkchen meiner Fantasie mit hineingeflossen, nein, nicht das kleinste Fünkchen. So, wie ich sie hier erzähle, hat sie sich ereignet, so, und nicht anders. Manchmal kann ich es selbst kaum glauben, dann krame ich ein wenig in meinen Erinnerungen und, schwupps, sind die Bilder wieder da, lebendig, lustig, rätselhaft und – ja – fast unglaubwürdig.

Aber ich will das Pferd jetzt nicht von hinten aufzäumen, sondern ganz von vorne beginnen.

Wenn ihr mich jetzt sehen könntet, wäre das Erste, was euch auffällt, ein Lächeln in meinem Gesicht, so breit, dass es fast von einem Ohr bis zum anderen reicht. Und wenn ihr ganz fein die Ohren spitzt, dann könnt ihr mein Herz lachen hören, denn immer, wenn die Erinnerung an Bodo in mir aufsteigt, beginnt mein Herz lauthals zu lachen. Ihr glaubt nicht, dass ein Herz lachen kann? Na, dann hört mal ganz aufmerksam in euch hinein, wenn ihr euch beim nächsten

Mal an einen Schwank aus eurem Leben erinnert.

Aber lasst mich von vorne beginnen.

Vor vielen, vielen Jahren war ich eine begeisterte Radfahrerin, ach ja, lange ist's her. Aber dann endete meine Radfahrbegeisterung jäh in einem einzigen unaufmerksamen Moment. Ich bin nämlich schwer mit meinem Fahrrad gestürzt. Knochenbrüche, Gehirnerschütterung, Schürfwunden und zwei ausgefallene Zähne waren die Bilanz dieses Unfalls, an dem niemand anderes beteiligt war als ich ganz alleine. Ja, so ist es gewesen, ich konnte nicht einmal mit dem Finger auf einen „Schuldigen" zeigen, sondern musste mit mir ganz alleine hadern.

In jenen Tagen des Schmerzes, der Behinderung durch diverse Gipsverbände und der Einschränkungen bei Erledigung der alltäglichsten Dinge habe ich mir geschworen, nie mehr in meinem ganzen Leben ein Fahrrad zu besteigen. Diesem Schwur bin ich auch mehr als 20 Jahre lang treu geblieben bis … ja, bis die Sehnsucht nach einer zünftigen Radtour übermächtig wurde, bis sie größer wurde als die Erinnerung an die Schmerzen und die Angst vor einem erneuten Sturz.

Mittlerweile hatte sich auf dem Fahrradmarkt aber eine bahnbrechende Neuerung durchgesetzt, nämlich das Dreirad für Erwachsene. Zunächst konzipiert als Behindertenfahrzeug eroberte es sich aber schnell seinen Platz auch bei gesunden Menschen fortgeschrittenen Alters. Nein, ich will nicht „Senioren" schreiben, das hört sich so nach Grießbrei und Rollator an, da ist mir der Ausdruck „Mensch fortgeschrittenen Alters" sehr viel lieber. Ihr dürft selbstverständlich auch „Senioren" sagen, diese Freiheit des Denkens und Redens habt ihr natürlich.

Oh, ich schweife vom Thema ab, schnell zurück zu der Geschichte.

Nun, es kam dann so weit, dass ich mir ein Dreirad zulegte, und damit begann meine zweite Radfahrerära (ohne Sturz bis jetzt, denn Dreiräder können nicht umfallen), eine herrliche Zeit. Ich war wieder mobil und konnte nach Herzenslust durch Wälder und Felder unserer schönen Heimat radeln.

So war ich auch an jenem Samstagabend im Sommer mit meinem Dreirad unterwegs im Wald, herrlich, diese Stille, die ich ganz hingebungsvoll, ja, fast andächtig genoss. Ich trat nur langsam in die Pedale, denn Eile tut der weihevollen Abendstille des Waldes gar nicht gut. Aber Ruhe und Stille des Waldes wurden jäh von gellenden Rufen unterbrochen.

„Boooodoooo!“, rief jemand, fast verzweifelt hörte es sich an, und immer wieder „Bodo, Bodo, Bodo!“.

Oh je, dachte ich, da ist jemandes Hund weggelaufen.

Ich hielt mein Rad also an (absteigen musste ich ja nicht, denn wie wir schon gehört haben, fällt ein Dreirad nicht um) und schaute forschend durchs dichte Unterholz, ob ich den vermeintlich entlaufenen Hund vielleicht entdecken würde.

Der langen Rede kurzer Sinn, da war weit und breit kein Hund zu sehen, aber die „Bodo“-Rufe wurden immer lauter und bald sah ich, wie ein Mann mir auf seinem Fahrrad entgegenkam. Als er mit mir auf gleicher Höhe war, fragte ich ihn: „Suchen Sie Ihren Hund? Ist er Ihnen weggelaufen?“

Er schüttelte heftig den Kopf und sagte: „Nein, mein Schwein ist weg.“

Und bevor ich ihn noch etwas fragen konnte, war er schon weitergefahren, nicht ohne noch mal aus Leibeskräften „Booodooo, Booodoo!“ zu schreien. Die Stimme entfernte sich langsam und bald konnte man nur noch ahnen, dass nach Bodo gerufen wurde.

Nun stand ich völlig verblüfft da und war am Ende mit meinem Latein. Wollte der Gute mich nur veräppeln oder war er tatsächlich auf der Suche nach seinem Schwein? Zuerst hatte ich noch gelacht, aber dann begann ich, an mir zu zweifeln. Hatte ich eine Erscheinung oder hatte ich an jenem heißen Samstagnachmittag zu viel Sonne aufs Haupt bekommen? Nun, da ich mir diese Fragen nicht beantworten konnte, hörte ich auch auf, darüber nachzudenken. Mir fiel nämlich ein, dass es keinen Sinn macht, Fragen zu stellen, auf die es keine Antwort gibt.

Kopfschüttelnd setzte ich mein geliebtes Dreirad wieder in Bewegung und beschloss, nach Hause zu fahren, da die Abenddämmerung sowieso schon der Nacht langsam Platz machte. So radelte ich dem Waldrand zu, an den sich die nun bereits abgeernteten

Getreidefelder anschlossen. Nach einer scharfen Wegbiegung hatte ich freie Sicht über die Felder und da erwartete mich eine weitere Überraschung, die mich fast vom Rad gehauen hätte. Keine 20 Meter vor mir stand majestätisch, groß, edel, ein Hirsch am Feldrain und äste in aller Seelenruhe die letzten Ähren, die der große Mähdrescher nicht erreicht hatte.

Sofort hielt ich an und blieb regungslos auf meinem Rad sitzen in Erwartung, dass der Hirsch, sobald er meiner gewahr würde, sofort die Flucht ergreifen würde. Aber nichts dergleichen geschah, er hob nur den Kopf, schaute mich lange an und äste dann friedlich weiter, als wenn ich Luft für ihn wäre.

Träumte ich? Hatte ich einen Sonnenstich? War ich in irgendeinen Zauberwald geraten? Hatte ich eine Fata Morgana gesehen? Während ich noch grübelte, beendete der Hirsch seine Mahlzeit und schritt würdig wie ein gekrönter König über das Stoppelfeld davon. Bald hatte die Dunkelheit ihn verschluckt und ich setzte mein Rad wieder in Bewegung, um nach Hause zu kommen.

Ich nahm mir vor, am nächsten Tag meinem Nachbarn von meinen Erlebnissen zu erzählen. Mein Nachbar ist Jäger und kennt sich in unseren Wäldern bestens aus. Wenn einer wüsste, wovon ich rede, dann würde das nur mein Nachbar sein. Ich sollte mich aber getäuscht haben, denn als ich ihm meine Begegnung mit dem Hirsch erzählte, schüttelte er den Kopf und versicherte mir, dass es hier in unserer Umgebung in den Wäldern keine Hirsche gibt. Als ich aber auf meiner Darstellung beharrte, lachte er mich laut aus und zweifelte an meinem Verstand, aber nicht nur das, er glaubte mir jetzt auch die Geschichte mit Bodo nicht mehr.

Sehr enttäuscht und auch ein wenig verärgert trat ich daraufhin den Rückzug an, verkroch mich schmollend auf die Bank unter meinem Haselnussstrauch und dachte: Und es war DOCH ein Hirsch, genau wie anno dazumal Galileo Galilei der Inquisition getrotzt hatte: „Und sie bewegt sich DOCH."

Wenn ihr nun glaubt, die Geschichte endet hier, habt ihr euch ein wenig getäuscht. Sie geht noch ein kleines Bisschen weiter.

Die Auflösung aller Rätsel, die mir an jenem Samstagabend so unlösbar vorkamen, wurde am darauffolgenden Mittwoch geliefert. Ich schlug beim Frühstück die Zeitung auf und als ich zum lokalen Teil kam, lächelte mir auf einem Foto der Mann entgegen, der so verzweifelt seinen Bodo gesucht hatte. Bodo war tatsächlich ein Schwein, ein Wildschwein, das dieser Mann mit dem Fläschchen aufgezogen hatte und das ihm überall hin folgte, wohin er ging. Bodo war und ist immer noch so zahm, dass er mit ihm durchs Dorf spazieren kann. Bodo gestattet sogar, dass man ihn streichelt. Also bitte nicht missverstehen, Bodo darf gestreichelt werden, nicht der Mann. Na ja, der Mann würde sich vielleicht auch gerne streicheln lassen, wer weiß? Wenn er euch einmal zusammen mit Bodo begegnet, könnt ihr es ja ausprobieren, also bei dem Mann, Bodo lässt sich ja problemlos streicheln. Bei dem Mann käme es auf einen Versuch an.

Und nun des zweiten Rätsels Lösung: Der Hirsch, den ich gesehen hatte, war aus einem nahe gelegenen Gehege ausgebrochen, nachdem Wildschweine von außen den Zaun des Geheges beschädigt hatten. Dieser Hirsch hatte keine Angst vor mir, weil auch er von Menschen mit dem Fläschchen aufgezogen worden war und deshalb die Menschen nie als Bedrohung erlebt hatte.

Mittlerweile ist er wieder in sein Gehege zu den anderen Hirschen zurückgekehrt. Ob er sich wohl noch an mich erinnert?

Alles ist gut.

Der Mann, der zum Baum wurde

Lange war er unterwegs gewesen; lang und steinig war der Weg, den er zurückgelegt hatte. Sonne und Wind, Regen und Schnee, Sturm und brütende Hitze konnten ihn nicht von seiner Wanderung abhalten. Wie durch eine unsichtbare Macht getrieben durchlief er die Zeit – seine Zeit. Für ihn existierte sie schon lange nicht mehr, er hatte sie einfach vergessen. Er dachte nach und stellte fest, wie schnell die Zeit – seine Zeit – vergangen war, konnte aber diesen Gedanken nicht mehr zu Ende denken, wie er fast alle Gedanken, die durch seinen Kopf flogen, nicht zu Ende denken konnte.

Nein, nicht die Zeit war vergangen, er selbst war vergangen in der Zeit – in seiner Zeit. Für ihn hatte die Zeit keine Bedeutung mehr, sie war ihm vorausgeeilt, und es war ihm eine Last geworden, hinter ihr her zu laufen. So ließ er sie davonrennen und blieb einfach stehen, allerdings nicht für lange, denn sehr bald stellte er verwundert fest, dass seine Zeit rückwärts lief.

Anfangs nur zögernd, schloss er sich bald mit Begeisterung der rückwärtslaufenden

Zeit an. Von Tag zu Tag gefiel es ihm besser, der Zeit – seiner Zeit – in seine Vergangenheit zu folgen. Oft verweilte er tagelang mit ihr in seiner Kindheit und Jugend, durchlief wieder und wieder die Bitterkeit jener Tage, aber auch die Süße durfte er hin und wieder kosten.

War er anfangs noch in der Lage, in seine Augenblickszeit zurückzukehren, so verlor er immer öfter diese Fähigkeit. Er irrte dann orientierungslos und ziellos durch die weiten Hallen seiner Erinnerungen und fühlte sich allein und verloren darin. Ein um die andere Tür flog zu, Fenster schlossen sich wie von Geisterhand und die Räume ließen ihn nicht mehr los, er blieb darin gefangen.

Viele Tage und Wochen kreiste er so durch die gleiche Halle ohne Hoffnung, jemals wieder in sein Jetzt zurückkehren zu können. Oftmals wurden die Türen geöffnet, aber er verlor die Fähigkeit, dies auch zu erkennen.

So sann er vor sich hin. Während er sich schwer und müde vorwärtsbewegte, vorwärts auf das eine Ziel zu, welches Ziel einer jeden Wanderung war, flatterten immer wieder Gedankenfetzen durch seinen Kopf. Hin und wieder gelang es ihm, einen dieser Gedankenfetzen zu erhaschen, aber seine Hände waren lahm geworden und konnten keinen Gedanken mehr lange halten. So wie auch Löffel, Messer und Gabel einfach aus seinen Händen glitten – als ob sie verlernt hätten, wie man solcherlei Werkzeuge festhält –, so entglitten ihm auch die Gedankensplitter, kaum dass er sie in seiner Hand betrachten wollte.

Es gab auch nichts mehr zu betrachten. Denken war sinnlos geworden. Jeder Gedanke, der gedacht werden musste, war gedacht worden, und jeder Gedanke, der gedacht werden wollte, war auch gedacht worden. In seinem Leben hatte er viel nachgedacht, aber jetzt waren alle Vordenker verschwunden, alle, die vorgedacht hatten, damit er nachdenken konnte. Ohne sie war er hilflos, denn sein eigenes Denken drehte sich nur noch im allerkleinsten Kreise um Dinge, die der Erhaltung seines Leibes dienten. Essen, Trinken, Schlafen – Leben, reduziert auf Minimalanspruch und für ihn dennoch lebenswert.

Jene unsichtbare Macht trieb ihn immer noch voran, und er ließ sich willig treiben.

Sein eigener Antrieb war erloschen, verbraucht, zerstört. Er wäre nicht einen Millimeter vorangekommen, hätte er aus eigenem Antrieb seine Wanderung fortsetzen müssen. So aber wurde er getrieben und geschoben, und sein einst geschmeidiger Gang war einem müden schweren Schlurfen gewichen. Nur mühsam konnte er einen Fuß vor den anderen setzen und die Last der Jahre drückte ihn immer wieder in die Knie. Wie gerne würde er sich seiner Schwäche hingeben und – ausgestreckt im duftenden Gras – auf den Untergang der Sonne warten. Aber – wie so vieles, woran er geglaubt hatte – war auch der Sonnenuntergang nur ein Trugbild. Die Sonne ging niemals unter, er war es, der unterging. So fielen hin und wieder klare Bilder durch den trüben Schleier seines Geistes und bald sah er sich schon am Ziel seiner Wanderung.

Ein mattes Lächeln huschte über sein altes graues Gesicht, als der Weg ihn in ein lichtes Wäldchen führte. Hier hoffte er, ein wenig Ruhe finden zu können. Diese Hoffnung setzte ihn sogar in den Stand, seinen schleppenden Gang ein wenig zu beschleunigen.

So erreichte er den kleinen, von Wasserlinsen überwucherten Waldweiher, an dessen Ufer er eine alte Trauerweide wusste, die ihn schon so manches Mal zur erholsamen Rast eingeladen hatte. Auch diesmal winkte sie ihn schon von Weitem zu sich heran und gerne folgte er ihren lockenden Gesten.

Als er, obwohl er jetzt doch sehr langsam geworden war, sie erreichte, regte sich in ihm ein niemals vorher verspürter Jubel. Endlich, endlich, endlich war er am Ziel, jetzt wusste er es, die Trauerweide war sein Ziel, nichts anderes als diese Trauerweide. Er stolperte halb benommen auf sie zu und umarmte sie mit der ganzen Inbrunst, zu der er noch fähig war. Er presste sein Gesicht gegen ihre raue rissige Borke und fühlte sich unendlich geborgen, als sie ihn mit ihren langen dünnen Zweigen streichelte. Mit ihren grünen Haaren legte sie sich sanft um seinen mageren ausgedörrten Körper und ließ nicht ab, ihn zu streicheln und zu liebkosen. Um sie noch intensiver spüren zu können, legte er seine Kleider ab, faltete sie sorgfältig zusammen, legte sie auf einen Stein in der Nähe und kehrte zu den unterbrochenen Liebkosungen zurück. Seinen

Körper eng an die rissige Borke gedrückt, genoss er die Umarmungen der Zweige und genoss das sanfte Streicheln der schmalen schlanken Blätter, bis er müde wurde und sich zu ihren Füßen zwischen zwei dicken Wurzeln niederließ.

Seinen müden Rücken lehnte er eng an den mächtigen Stamm und so hielt die Trauerweide ihn in ihren Armen. Einen Augenblick lang schloss er die müden Lider, wurde aber sofort wieder geweckt von einem leisen Gesang, den er jetzt zu hören glaubte. Vertraute alte Töne klangen vom Waldweiher herüber und selbst die Rehe, die auf der nahen Lichtung grasten, hoben die Köpfe und schienen der fremdartigen Melodie zu lauschen. Für den Mann am Baum war es keine fremde Weise, er kannte sie nur allzu gut. Glücklich hob auch er seine Stimme und fiel in die traurig-frohe Melodie mit ein.

Sein Blick lief über den mit hellgrünen Wasserlinsen bedeckten Weiher, aus dessen Richtung die Stimme zu hören war. Gerne hätte er die Sängerin der wunderschönen Weise im grünen Gewirr des gegenüberliegenden Dickichts ausgemacht, aber so sehr er sich auch anstrengte, außer der dichten dunkelgrünen Brombeerhecke konnte er nichts entdecken.

Die Stimme indes klang immer deutlicher herüber, glockenhell und glasklar sang sie das Lied, das er am meisten liebte. Klagend und leise, wie es begonnen hatte, schwoll es jetzt allerdings zu einer machtvollen kraftvollen Hymne an, die weit in den Wald hinein schallte, um im nächsten Augenblick zu verstummen und den Instrumenten, die er bisher kaum wahrgenommen hatte, Raum zu lassen. Diese stimmten sogleich einen schnellen, hinreißend fröhlichen Rhythmus an, der im krassen Widerspruch zu der klagenden Weise der Glockenstimme stand, sie aber nicht vergessen machte, sondern auch im fröhlichen Zusammenspiel der Instrumente schwang im Hintergrund die Melancholie mit. Es schien, als habe sich die glockenhafte Stimme für immer zurückgezogen und den Musikern das Feld überlassen, aber, erst leise klagend, dann immer lauter werdend, übernahm sie mit ihrer Stimme wieder die Melodie, um gemeinsam mit den Musikern ein furioses Finale anzustimmen.

Hingerissen lauschte er den Tönen und jeder einzelne Akkord drang tief in sein Herz hinein, so tief, dass es ihn schmerzte.

Erst nachdem die Musik verstummt war, bemerkte er, dass er nackt am Stamm der Trauerweide saß. Er wollte aufstehen, aber die Trauerweide gab ihn nicht mehr frei. Sie hielt ihn mit sanfter Gewalt fest und er ergab sich, so wie er sich in alles hatte ergeben müssen, auch wenn es gegen seine Wünsche und gegen seinen Willen war.

Langsam wurde ihm bewusst, dass eine seltsame Starre ihn befallen hatte. Er wollte seine Füße bewegen, aber das war nicht mehr möglich, sie waren starr, starr wie das Holz der Trauerweide. Sein Blick fiel auf seine Hände und auf seine Arme. Die Haut war grau und rissig geworden, so wie die Borke der Trauerweide. Immer schneller breitete diese eigenartige Starre sich über seinen ganzen Körper aus. Seine Lippen waren spröde und rau geworden, er wollte sie mit der Zunge ein wenig anfeuchten, aber auch seine Zunge war unbeweglich geworden. Er warf noch einen letzten Blick auf den hellgrünen Waldweiher, der sich im letzten Abendlicht noch einmal ein wenig rührte und die Wasserlinsen sachte hin und her schaukelte. Das war das Letzte, was er sah, bevor auch seine Augen von der Borke zugedeckt wurden und der Baum ihn ganz aufgenommen hatte.

Am nächsten Morgen fand man ihn nach mehrstündiger Suche nackt, mit dem Rücken an eine Trauerweide gelehnt, glücklich lächelnd. Seine Kleidung lag sorgfältig gefaltet auf einem Stein in seiner Nähe. Einige Zweige der Trauerweide hatten sich – unklar ist, wie das möglich war – um seine Brust und seinen Kopf gewickelt und somit ein Umfallen verhindert. Sein struppiges Haar war übersät mit den schmalen Blättern der Trauerweide, so als ob die Weide versucht hätte ihn für die endlose Reise zu schmücken.

Ein schwarzer Rabe saß auf einem Baum und beobachtete, wie Polizei und Feuerwehr ihn aus der Umklammerung der Trauerweide befreiten. Er stieß gefährlich klingende krächzende Laute aus und flatterte aufgeregt hin und her, so, als wolle der schwarze Geselle verhindern, dass man ihn der Trauerweide entriss.

Im Polizeibericht hieß es später:
Tod durch Herzversagen, ein Fremdverschulden konnte sicher ausgeschlossen werden.

Der Schrei

Erschrocken von dem plötzlichen Schrei ließ sie das Glas fallen und es zersplitterte zu ihren Füßen in tausend messerscharfe kleine Dolche, die sofort lebendig wurden und versuchten, ihre Füße zu erreichen, um mit ihrem zerstörerischen Werk zu beginnen. Nirgends fühlte sie sich mehr sicher, alles und jedes schien sie angreifen zu wollen, um ihr zu schaden.

Dieser Schrei verfolgte sie, seit sie in Oslo war, um sich das Originalgemälde „Der Schrei“ von Edvard Munch anzuschauen. Dieser Wunsch sollte für sie tragisch enden nach einer langen Odyssee zwischen Alkoholsucht, Entzug, Rückfall und wieder Entzug. Der soziale Abstieg war nicht zu vermeiden. Hatten Kollegen und Arbeitgeber zuerst noch Verständnis gezeigt und an eine vorübergehende Phase des Schwankens geglaubt, so spitzte sich die Lage allmählich zu. Der Vorrat an Hilfsbereitschaft war bei den Kollegen schnell aufgebraucht. Sie zogen sich langsam von ihr zurück und als der Umgang mit ihr unerträglich wurde, kündigte die Geschäftsleitung ihr den Job.

So verlor sie das bisschen Halt, das sie zu haben glaubte, auch noch und fortan war nur noch der Alkohol ihr einziger vermeintlicher Freund.

Immer quälender wurden die Angstzustände, unter denen sie mit zunehmender Tendenz fast täglich litt. Zuerst stieg nur der hagere Mann in ihrer Erinnerung auf. Aber bald schon hörte sie den Schrei, den diese Gestalt auf der Brücke auch gehört haben musste. Grauen und Entsetzen beherrschten das Gemälde und Grauen und Entsetzen griffen nach und nach auch nach ihrem Verstand.

Sie versuchte alles, um diesem Schrei und dieser angsterfüllten Person in ihrem Kopf zu entkommen. Kein noch so probates Mittel brachte sie auch nur einen Millimeter von diesem Albtraum weg. Es schrie und schrie in ihr und immer lauter und lauter dröhnte es durch ihr Gemüt. Einzig der mittlerweile zu ihrem besten Freund gewordene Cognac ließ den Schrei für eine Zeit lang verstummen und verschaffte ihr wenigstens vorübergehend ein Gefühl von Ruhe und Sicherheit.

Im Laufe von nur wenigen Monaten war sie so von einer lebensfrohen jungen Frau zu einer verzweifelten jämmerlichen Figur geworden. Zunächst – von ihren Freunden und Kollegen unbemerkt – hatte sich eine Spirale in Gang gesetzt, die nun im Begriff war, sie vollends zu zerstören. Als die Menschen in ihrem Umfeld die ersten Anzeichen dieser Veränderung bemerkten, war die Tür schon zugeschlagen, durch die noch eine Hilfe möglich gewesen wäre.

Sie versuchte tapfer, ihren Zustand zu verbergen, und erfand immer neue Lügengeschichten, die ihren desolaten Zustand erklären sollten. Aber der von ihr erhoffte Effekt blieb aus und verkehrte sich sogar ins Gegenteil. Immer mehr geriet sie ins Abseits und bald brach sie sämtliche Kontakte ab, zog sich zurück in ihre kleine Wohnung, die mittlerweile eher einer Müllhalde glich als einer schnuckeligen kleinen Singlewohnung.

Ihr bester Freund war nun der Alkohol geworden. Er brachte sie morgens auf die Beine, er beruhigte sie, wenn sie zitterte. Er tröstete sie, wenn sie verzweifelt war, und er verscheuchte allerlei seltsames Getier, das ihr trunkenes Hirn ihr als Realität vorgaukelte.

Manchmal, in den wenigen klaren Momenten, die sie noch hatte, erinnerte sie sich, wie alles begonnen hatte. Wie freudig und voller Kunstinteresse war sie nach Oslo gereist, um das Originalbild „Der Schrei" auf sich wirken zu lassen.

Seit sie aber im vergangenen Sommer das Munch-Museum in Oslo besucht hatte, um sich Edvard Munchs Gemälde anzuschauen, ließ das Bild sie nicht mehr los. Der weit aufgerissene Mund, die schreckgeweiteten Augenhöhlen und die schützend über die Ohren gelegten Hände der seltsamen Gestalt auf dem Bild ließen selbst den eher distanzierten Betrachter die Panik fühlen, die diese scheinbar geschlechtsneutrale Person empfunden haben musste. Auch sie war tief ergriffen von der merkwürdigen Lebendigkeit dieses Gemäldes.

Lange stand sie, in sich versunken, vor dem Bild und gab sich dem Grauen hin, das von dieser Szene ausging. Sie spürte förmlich, wie die Angst und die Panik sich in ihre Seele schlichen, um dort – vorerst noch kaum spürbar – ihr zerstörerisches Werk zu beginnen. Dieses Gemälde ergriff Besitz von ihr, zuerst ganz unbemerkt, aber im Laufe der Monate immer deutlicher.

Sie verließ das Museum – verwirrt und kopflos –, ohne auch noch andere Kunstwerke betrachten zu wollen. Zu tief war der Stachel der Angst, der Panik, des Horrors in ihr Bewusstsein eingedrungen und diese Angst fraß sich, von ihr zunächst nicht wahrnehmbar, weiter bis tief hinein in ihr Unterbewusstsein, von wo aus das zerstörerische Werk seinen Anfang nahm, dem letztendlich ihre Seele keinen Widerstand mehr leisten konnte.

Sie bemerkte ein leichtes Zittern, das ihren Körper befallen hatte und gegen das sie vergeblich ankämpfte. Als sie sich schon ein Stück vom Museum entfernt hatte, schaute sie noch einmal zurück, weil sie das Gefühl hatte, dass jemand ihr folgen würde. Sie beschleunigte ihre Schritte, um der merkwürdigen Stimmung, in der sie sich befand, zu entkommen. Immer schneller hastete sie vorwärts, getrieben von einer diffusen Angst, die sie nicht einordnen konnte und die sie bisher noch nie verspürt hatte.

In ihrem Hotel angekommen, begab sie sich sofort auf ihr Zimmer. Sie fühlte sich erschöpft und todmüde. Schlafen, ja schlafen, das war alles, was sie noch wollte. Sie legte sich auf ihr Bett und schloss die Augen, aber sofort sah sie wieder dieses Gemälde vor sich. Es hatte sich in ihrer Erinnerung ganz merkwürdig verändert. Die Gestalt mit den hohlen Augen und dem dürren Körper hatte ihren Standort verlassen. Sie schien nähergekommen zu sein und dann stieg sie aus dem Gemälde heraus und kam direkt auf sie zu.

Mit einem schrillen Schrei sprang sie auf, um ihr zu entkommen, und es dauerte einige Minuten, bis sie realisiert hatte, dass sie in ihrem Hotelzimmer war, dass sie eingeschlafen war und dass sie einen bösen, bösen Traum gehabt hatte. Sie setzte sich auf die Bettkante und begann hemmungslos zu weinen. Sie konnte sich einfach nicht mehr beruhigen.

Ein Gefühl von Ruhelosigkeit und Panik ließ sie unentwegt im Zimmer auf und ab gehen. Getrieben, gehetzt, wie von unsichtbaren Gespenstern angefeuert, wurden ihre Schritte immer schneller bis sie sich wiederum erschöpft und müde auf der Bettkante niederließ. Dabei fiel ihr Blick auf die Minibar. Ja, ein Schlückchen Cognac würde ihr bestimmt guttun. Hastig öffnete sie die kleine Bar und fand auch in einer Flasche das ersehnte Getränk.

Hastig trank sie ihr Glas leer und sofort bemerkte sie, wie Angst und Panik sich langsam verabschiedeten. Nun fühlte sie sich leicht und unbeschwert und konnte gar nicht so recht verstehen, wieso sie sich derart von einem Gemälde hatte vereinnahmen lassen. Völlig beruhigt schlief sie die ganze Nacht einen tiefen traumlosen Schlaf und am nächsten Morgen reiste sie ab. Sie wollte Oslo so schnell wie möglich verlassen, denn ganz tief in ihrem Inneren meldeten sich Angst und Panik zurück.

Hatte sie gehofft, die schlimmen Eindrücke in Oslo zurücklassen zu können, sah sie sich nun – als sie wieder zu Hause war – bitter enttäuscht. Die spukhafte Gestalt auf der Brücke und der markerschütternde Schrei kehrten immer deutlicher in ihr Bewusstsein zurück und trieben sie immer öfter in die Arme ihres einzigen Trösters. Sie erklärte nun den Cognac zu ihrem besten Freund, der zur Stelle war, wann immer sie seiner bedurfte.

Was aus ihr geworden ist? Irgendwann hat man sie gefunden, völlig betrunken, mit einer Pistole in der Hand und mit einem Streifschuss, der ihr Haar etwas versengt hatte. Ihr Körper war unversehrt, aber ihre Seele war zerstört und ihre Spur verlor sich im Nichts.

Die Einladung

Warum um alles in der Welt hatte er ihren Vorschlag nicht angenommen, mit zu ihr in ihre Wohnung zukommen?

Seit Wochen verfolgte er sie, er lauerte ihr auf, er folgte ihr auf Schritt und Tritt, sehr vorsichtig allerdings, in gebührender Entfernung, damit sie ihn nicht zu früh bemerken würde. Er wusste, wenn er klug vorgehen würde, müsste er ans Ziel kommen.

Diese Einladung hatte er sich so sehr gewünscht und nun, da sie sie ausgesprochen hatte, war er in Panik geraten und einfach weggerannt.

Er war noch ganz außer Atem, als er sein Tempo verlangsamte. Sein Herz pochte wild und es waren nicht nur seine kraftvollen weitausladenden Schritte, die seinen Puls rasen ließen. Da war noch seine Sehnsucht nach Geborgenheit, nach Zuwendung, nach Wärme und Liebe. So kurz vor Erfüllung seiner geheimsten Wünsche war er zurückgeschreckt. Der Mut hatte ihn verlassen und er war kopflos geflüchtet.

SIE, die er seit Wochen beobachtete, der er heimlich folgte und in deren Nähe er sich so unendlich wohlfühlte, hatte ihn aufgefordert, mit ihr in ihre Wohnung zu kommen. Warum um alles in der Welt hatte er ihren Vorschlag nicht angenommen?

Der Nieselregen, der ihn den ganzen Tag schon frösteln ließ, hatte sich nun zu einem heftigen Schauer gesteigert. Es blieb ihm nichts anderes übrig, als Schutz unter dem weit ausladenden Vordach eines Juwelierladens mit hell erleuchtetem Schaufenster zu suchen. Er setzte sich auf die Stufe vor der Eingangstür und langsam beruhigte sich sein aufgeregtes Herz und sein aufgewühltes Gemüt.

Jetzt erst bemerkte er, dass er vollkommen durchnässt war, und mit tiefem Bedauern trauerte er nun der verpassten Gelegenheit nach, ganz nah bei ihr sein zu dürfen.

Sie hatte gewiss eine sehr schöne Wohnung mit einem Kamin, der für ihn, der auf der Straße lebte, die absolute Erfüllung all seiner Träume gewesen wäre. Er hätte sich ihr zu Füßen geworfen und damit seine Ergebenheit bewiesen. Er hätte sie beschützt und notfalls sein Leben für sie hingegeben, wenn sie in Gefahr gewesen wäre.

All diese Träume waren in dem Augenblick zerplatzt, als sie ihn aufgefordert hatte, mit in ihre Wohnung zu kommen. Sein Misstrauen hatte wieder einmal über seine innigsten Wünsche gesiegt. Er war in Panik davongelaufen und nun saß er triefnass und frierend auf den Stufen des Juwelierladens.

Sie hätte bestimmt sein nasses Fell trocken gerieben, ihm etwas Fressbares gegeben und ihm eine Decke vor den Kamin gelegt, damit er nicht mehr frieren musste. In tiefer Demut hätte er ihre Hände geleckt und ihr mit der ganzen Innigkeit, derer er fähig war, für die neue – vorher noch nie erfahrene – Geborgenheit gedankt. Ja, das hätte er getan.

Er stand auf, schüttelte sein nasses Fell und verschwand langsam in der Dunkelheit, aber nicht ohne Hoffnung, dass sie ihn am nächsten Abend wieder zu sich einladen würde.

Vielleicht würde er dann mutiger sein und ihre Einladung annehmen.

Kindermord am Waldesrand

Ungewöhnlich früh war in diesem Jahr der Winter rasch vertrieben worden von einem zauberhaften sanften Frühling, der mit lauer Luft und kraftvollem Sonnenschein rasch die letzten Reste von Schnee und Eis aufleckte, der Wald und Wiesen mit rasender Geschwindigkeit mit frischem zartem Grün neu einkleidete und all die vielen Wald- und Wiesenbewohner aus ihren Schutzzonen herauslockte.

Wie gerne folgten sie dem sanften Ruf des jungen Frühlings, der mit unbändiger Energie und Lebensfreude keinerlei Trägheit mehr duldete, sondern alles, was lebt, zum Freudentanz über das neue erwachende Leben aufforderte.

Hase und Igel nahmen ihr altes Spiel wieder auf, das sie hatten unterbrechen müssen, weil der Winter ihnen Einhalt geboten hatte, der den fröhlichen, lustigen Wettkämpfen um Schnelligkeit und Listigkeit mit Peitschenhieben aus Schnee und Eis jäh ein Ende bereitet hatte.

Dachs und Fuchs verließen, zunächst noch zurückhaltend, dann aber immer mutiger, ihre Bauten und die kleinen Feldhamster streckten neugierig ihre Näschen in die würzige Frühlingsluft. Die Maulwürfe schüttelten den Winterstaub aus ihrem Fell und begannen sofort mit ihren umfangreichen Grabungsarbeiten.

Die Rehe traten zaghaft und übervorsichtig aus dem Wald heraus, und die Wildschweine nutzten jede noch so flache Pfütze, um sich zum ersten Mal nach frostiger Winterruhe ausgiebig im Schlamm zu suhlen. Die Sauen wussten, dass sie nun bald ihre Kinderstuben herrichten mussten, um der quirligen Frischlingsschar das richtige Zuhause bieten zu können. Auch die Ricken bereiteten sich gebührend und würdig auf die Ankunft ihrer Kitze vor.

Nun weckte der Frühling alle Schläfer in Wald und Flur wieder auf und mit all seinen Verführungskünsten lud er sie ein, das überall wiedererwachende Leben mit inniger Freude zu begrüßen, ein jeder auf seine ganz eigene Art und Weise.

Der Bach, der im Winter so beharrlich unter seinem Eispanzer geschwiegen hatte, stimmte plätschernd, rauschend, gurgelnd und zischend in den großen Frühlingsreigen mit ein und als endlich auch die ersten Vögel von ihrer langen Südlandreise zurückgekehrt waren, vereinten sie sich alle mit ihren Stimmen und Lauten zu einer einzigen großen Frühlingssinfonie.

Auch die Menschen wurden von jener rätselhaften Lebenslust angesteckt, von der sie jedes Jahr nach langer Winterstarre regelrecht angesprungen werden. Die jungen Leute feierten fröhliche Feste zur Begrüßung des Frühlings und die eher sauertöpfisch veranlagten stürzten sich Hals über Kopf in Arbeiten, die sie während des Winters hatten liegenlassen müssen.

So bewegte der Frühling – wie jedes Jahr – Jung und Alt zu schwungvollem Neuanfang.

Auch die Landwirte der Gegend nutzten die ersten Frühlingssonnenstrahlen, um ihre Maschinen und Geräte in einen gebrauchsfähigen Zustand zu versetzen, damit die Arbeiten in Feld und Flur zur rechten Zeit zügig beginnen konnten. In der Gegend hatte es früher eine Menge kleiner Landwirtschaftsbetriebe gegeben, die als Familienunternehmen betrieben wurden und die mit sehr viel Liebe für Natur und Umwelt ihre Wiesen und Äcker bestellten. Die Kühe wurden täglich auf die Weide geführt und zum Melken wieder in die Ställe gebracht. Die Schweine mussten nicht in qualvoll engen Boxen mit Beruhigungsmitteln vollgestopft werden, damit sie sich nicht gegenseitig auffressen. Vor jeder Haustür gab es einen riesigen Misthaufen, der stets von scharrenden, pickenden, frei laufenden Hühnern bevölkert war, die dort nach Würmchen und anderen Leckerbissen suchten. Die Schwalben zogen ihre Brut in den Lehmnestern in den Ställen groß und vertilgten riesige Mengen von Fliegen und anderen Insekten, um die ewig hungrigen Schnäbelchen ihrer kleinen Schwälbchen zu stopfen, und kein Bauer wäre jemals auf die Idee gekommen, diese kunstvoll gebauten Lehmnester aus den Ställen zu entfernen.

Aber mit der neuen modernen Zeit stiegen auch die Ansprüche und Gewinnerwartungen der vormals ärmlichen, aber zufriedenen Bauernschaft. Da schlug dann die Stunde der großen Grundbesitzer.

In der Gegend gab und gibt es noch heute einen Baron, der den Bauern mit geschickten Reden und Manipulationen ihr einfaches, nicht erfolgsorientiertes Leben als wenig gewinnbringend schilderte und ihnen einredete, dass es so, wie es war, nicht so lebenswert wäre. Er säte Unzufriedenheit in die Familien und bald schon waren die ersten Bauern bereit, ihr Land an den Baron zu verkaufen. Genau das war seine Absicht, und es dauerte nicht lange, da vergrößerte er seinen eigenen Landwirtschaftsbetrieb um ein Vielfaches. Der Baron hatte schon seit den 50er-Jahren des vorigen Jahrhunderts die Nase immer vorne und erhielt beträchtliche Fördergelder aus dem „Grünen Plan". Er war sehr geschickt und wurde von Brüssel auch in all den Jahrzehnten danach gefördert und subventioniert, selbst als eine Subventionierung nicht mehr nötig gewesen wäre.

Seine immer größer werdende Geldgier trieb ihn dazu, aus der vormals naturnahen extensiven Feld-, Wald- und Wiesennutzung eine, ja, man könnte fast sagen, eine Agrarfabrik zu machen. Unkrautvernichtung, Schädlingsbekämpfung, Düngung usw. wurden bald nicht mehr mit erprobten biologischen Mitteln betrieben, sondern tödliche Chemie hielt Einzug auf den Äckern, mit der Folge, dass Unmengen von vormals fleißigen tierischen Helfern wie Bienen und anderen Insekten keine Chance mehr hatten und millionenfach ihr Leben lassen mussten.

Als die letzten verbliebenen kleinen Landwirte bemerkten, um wie viel ärmer die Natur geworden war, seit Technik und Chemie den landwirtschaftlichen Jahreszyklus bestimmten, schlugen sie Alarm. Das Fass zum Überlaufen brachte dann die Tatsache, dass unzählige Rehkitze, die von ihren Müttern auf den Wiesen nahe am Wald abgelegt worden waren, durch die riesigen Mäh- und Häckselmaschine qualvoll ihr Leben verloren.

So bauten dann die kleinen Landwirte und einige Tierschützer aus dem Ort ein Netzwerk auf, bei dem die Landwirte die Mähtermine angaben und die Menschen, die diesem Netzwerk angehörten, vorher die Wiesenränder abgingen auf der Suche nach abgelegten Kitzen, die dann – eingepackt in Gras – zum Waldrand gebracht wurden wo sie später von ihren Müttern abgeholt wurden. Die Tierschützer beobachteten durch Ferngläser, ob wirklich alle Kitze wieder von ihren Müttern angenommen wurden. Der Bauer konnte daraufhin seine Wiese mähen, ohne Angst, ein Tier zu verletzen oder gar zu töten.

Obwohl das Tierschutzgesetz die Landwirte verpflichtete, die Mähtermine verbindlich der Jagdbehörde zu melden, damit die Kitze in Sicherheit gebracht werden konnten, hielt sich der Herr Baron an solche Auflagen nicht. Er arbeitete nicht mit den Tierschützern zusammen, obwohl es mehrere Angebote gab, dass ihm keine zusätzliche Arbeit und keine zusätzlichen Lohnkosten entstehen würden, da die freiwilligen Helfer die Wiesen unentgeltlich abgehen würden auf der Suche nach abgelegten Kitzen. Seine Begründung für die Verweigerung dieser für ihn kostenlosen Hilfeleistung war jedes Mal das Argument, dass es sowieso zu viele Rehe gab, die in SEINEM Wald Verbissschäden anrichten würden und dadurch die finanzielle Ausbeute der Holzwirtschaft beeinträchtigt würde.

So geschah es auch in diesem Jahr, dass jede Bitte an den Baron, den Naturfreunden doch die Mähtermine mitzuteilen, vergebens war.

Samstags gegen 18 Uhr ging dann der Alarmruf bei der ersten Station des

Rettungsnetzwerks ein mit der Schreckensnachricht, dass der Baron die große Waldwiese bereits hatte abmähen lassen.

Sofort machten sich die drei Tierschützer, die der Waldwiese am nächsten wohnten, auf den Weg, um nach eventuell verletzten Tieren zu suchen. Mittlerweile kamen auch die anderen alarmierten Natur- und Tierretter an der Waldwiese an und sofort begann die intensive Suche nach verletzten Kitzen.

Wie weh tat es, als ein Kitz gefunden wurde, das durch die scharfen Messer der Mähmaschine zerfetzt worden war. Keiner der Helfer konnte die Tränen zurückhalten; ein kleines neues Leben, sinnlos verloren, grausam geopfert dem Mammon Geld. Einer der Männer schaufelte dann am Waldrand mit einem mitgebrachten Spaten ein Grab für das Kitz und beerdigte dort seine Überreste.

Mittlerweile hatten die anderen Helfer nach Überlebenden des Gemetzels gesucht und ein zweites Kitz mit einem abgetrennten Beinchen gefunden. Obwohl das Bein sofort fachmännisch abgebunden wurde, überlebte das Kitz den Transport zum Tierarzt nicht.

Zu viel Blut hatte es schon verloren, bevor es gefunden werden konnte.

Als Drittes wurde dann aber noch ein Kitz lebend gefunden. Eines seiner Beinchen war gebrochen und der schnell herbei telefonierte Tierarzt wartete schon, um dem Rehlein zu helfen. Zum Glück war der Bruch nicht allzu kompliziert und konnte geschient und verbunden werden. Die Erleichterung war groß bei den Helfern und die „Ersatzmama“ konnte die Pflege des Findelkindes übernehmen.

Am zweiten Tag seiner Rettung wurde der kleine Patient von einem anderen Tierarzt noch mal gründlich untersucht und dabei wurde zum Schrecken aller ein zweiter Bruch am hinteren Beinchen festgestellt. Das arme, arme Kitz, so viel Leid in seinem höchstens drei Tage alten Leben. Viel älter konnte es nicht sein, denn die Nabelschnur war noch nicht einmal abgefallen.

So wurde nun auch das zweite Beinchen geschient und der kleine Patient nach der Behandlung in die Obhut seiner Ersatzmama gegeben, die das Sorgenkind rührend umsorgte und pflegte und wo es bis zu seiner

Auswilderung einen liebevollen Ort der Zuflucht fand.

Erst nach vier Wochen stellte sich heraus, dass es wohl nicht mehr ausgewildert werden konnte, da es stark hinkte und es in diesem Zustand in der freien Wildbahn nicht überleben konnte. So erhielt es nun ein großes Gehege, in dem es weiter umsorgt und gepflegt werden konnte.

Der Baron aber, der jede Hilfe zur Rettung der Kitze verweigert hatte, bevor die Mähmaschine ihr Werk begann, erlebte noch sein blaues Wunder im wahrsten Sinn des Wortes. Davon lasst mich jetzt berichten.

Als die Heu-Ernte eingebracht war und als alle Wiesen gemäht waren, tat der Baron das, was er immer tat, wenn die Riesenheuballen für den Winter eingelagert waren. Er schritt noch einmal alle seine Wiesen ab, um sich zu vergewissern ob seine Leute (die er immer noch als Knechte bezeichnete) sorgfältig und ohne Verluste auch das letzte Grashälmchen eingebracht hatten. Vorbei war es mit der guten alten Tradition der ehemaligen Bauern, einen Teil der Ernte stehen zu lassen für die Tiere des Waldes und als Dank an die Natur, die ihn so reichlich beschenkt hatte. Nichts, aber wirklich gar nichts wollte der Baron abgeben von seinem Profit für die Bewohner SEINES Waldes.

Er stand auf der kleinen Anhöhe – vor sich SEINE Wiesen und hinter sich SEIN Wald – und ließ die gierigen Blicke über SEINE „Ländereien“ gleiten, im Geiste schon überschlagend, wie viel Gewinn die Heuernte wohl dieses Jahr einbringen würde. Er verschwendete keinen Gedanken an die armen Kitze, die seiner Gier zum Opfer gefallen waren, und er widmete nicht eine einzige Sekunde den trauernden Müttern, die tagelang nach ihren ermordeten Kindern schrien.

Teuflisch grinsend lobte er sich selbst und hielt sich für einen Mann, der es verstand, jeden Zentimeter seines riesigen Besitzes effektiv auszunutzen und in klingende Münze umzuwandeln. Was waren diese Tier- und Naturschützer doch für Dummköpfe, die Zeit und Geld opferten, um Rehkitze zu retten, die seiner Meinung nach nur Waldschädlinge waren, die ihn an der gewinnbringenden Nutzung seiner Holzproduktion behinderten. Der Wald mit all seinen wunderbaren Geheimnissen bedeutete ihm nichts, er sah nur das Holz, das heranwuchs und das er mit horrendem Gewinn verkaufen würde, wenn es so weit war.

Zufrieden mit sich selbst und mit seiner Tüchtigkeit zog er aus der Jackentasche eine Flasche Mirabellenschnaps, denn er wollte jetzt anstoßen auf seinen Erfolg.

Anstoßen? Mit wem hätte er anstoßen sollen? Wer hätte mit ihm seine Selbstzufriedenheit feiern sollen? Seine Frau, die Baronin, hatte sich längst von ihm zurückgezogen und führte ein flottes Leben an den mondänen Orten des Mittelmeeres. Seine einzige Tochter hatte er seit Jahren nicht mehr gesehen, da er sich mit ihr überworfen hatte, als sie ihn um Hilfe für einen mittellosen Studenten gebeten hatte. Was für ein Ansinnen, er verschleuderte doch sein erkämpftes Geld nicht an einen Nichtsnutz. Dass dieser „Penner“, wie er ihn nannte, später sein Schwiegersohn wurde, hatte dann den endgültigen Bruch mit seiner Tochter bewirkt.

So blieb ihm also niemand, mit dem er auf seinen „Erfolg“ hätte anstoßen können. Seine Angestellten, die er „Knechte und Mägde“ nannte, sah er nicht als würdig an, mit ihnen anzustoßen. Sie waren ihm, nach seiner Auffassung, nicht ebenbürtig und deshalb ungeeignet, seine Zufriedenheit zu teilen, obwohl sie es doch waren, denen er seinen Erfolg mit zu verdanken hatte.

Als er sich gerade zum Weitergehen entschlossen hatte, hörte er im Wald ein fürchterliches Knacken und Krachen und im nächsten Moment sah er einen riesigen Keiler aus dem Unterholz auf sich zukommen. Sein Schrei erstarb in dem Moment, als der Keiler ihm seine langen Hauer in den Unterleib rammte. Der rasende Schmerz raubte ihm sofort das Bewusstsein und er stürzte zu Boden.

Als er wieder zu sich kam, saß er auf einer Waldlichtung, halb aufrecht an eine Linde gelehnt. Der Schmerz in seinen Eingeweiden war verschwunden, er spürte nichts mehr, sein ganzer Unterkörper war gefühllos, wie tot. So saß er da und versuchte, seine Augen an das Dämmerlicht des Waldes zu gewöhnen, um sich orientieren zu können, wo er denn war. Krampfhaft versuchte er, sich zu erinnern, wie er zu dieser Linde gekommen war.

Langsam gewöhnten seine Augen sich an die Dämmerung und plötzlich wurde ihm bewusst, dass er nicht alleine war. Er war umringt von Dutzenden von Rehen, Hirschen und Wildschweinen und nun kehrte auch langsam seine Erinnerung zurück.

Voller panischer Angst erkannte der den Keiler wieder, der ihn angegriffen hatte. Dieser stand drohend und furchteinflößend vor ihm und blies ihm seinen stinkenden Atem ins Gesicht. Als der Keiler sah, dass er zu sich gekommen war, drehte er sich um zu den anwesenden Tieren und sagte: „Er ist zu sich gekommen, wir können beginnen."

Horror stieg in dem Baron auf und er stammelte in schier unerträglicher Angst: „Beginnen? Womit denn beginnen? Was ist denn? Ich verstehe nicht!"

Und während er diese Sätze wiederholte, steigerte sich seine Stimme mehr und mehr in ein unverständliches Geschrei. Er wollte aufstehen und die Flucht ergreifen, aber er merkte, dass seine Beine ihm nicht gehorchten.

Der Keiler aber grunzte ihn mit grollender Stimme an: „Schweig, du redest nur, wenn du gefragt wirst. Du bist hier vor Gericht und hast dich zu verantworten."

Der Baron wähnte sich gefangen in einem unwirklichen Albtraum und glaubte sich daraus befreien zu können, indem er ruhig und sachlich fragte: „Gericht? Verantworten? Wofür denn verantworten? Ich habe doch niemandem etwas getan!“

„Schweig“, grollte der Keiler. „Dir wird jetzt gleich die Anklage vorgetragen.“

Sogleich betrat nun ein mächtiger Hirsch die Lichtung, blieb vor ihm stehen, blickte ihn mit schwarzen drohenden Augen an und hob mit tiefer anklagender Stimme an: „Baron von B. Sie sind des Mordes an drei neugeborenen Kindern dieses Waldes angeklagt! Sie haben das Recht, sich zu verteidigen und Ihre Unschuld zu beweisen.“

Der Baron protestierte sofort: „Ich? Ich soll Kinder ermordet haben?“ Er brach in hysterisches Lachen aus und sein Gesicht verzog sich zu einer hässlichen Fratze. „Wie soll ich denn Kinder des Waldes ermordet haben? Das ist doch eine lächerliche Beschuldigung! Ich war nicht mal in der Nähe, als diese drei zu Tode gekommen sind.“

„Du weißt also um den Tod der drei Waldkinder?“, hakte der Keiler sofort nach.

„Nein, nein, ich weiß gar nichts“, schränkte der Baron ein, und er war sich in diesem Moment bewusst, dass er einen verhängnisvollen Fehler gemacht hatte, als er indirekt zugab, vom Tod der Waldkinder Kenntnis zu haben. Mein Gott, dachte er, was für eine Farce, was für ein Aufhebens wegen dreier Kitze, die sowieso besser tot als lebendig sind, weil sie nichts als Schädlinge für meinen Wald sind.

Dieser Gedanke aber war sein zweiter verhängnisvoller Fehler in dieser merkwürdig surrealen Gerichtsverhandlung. Kaum hatte er diesen Gedanken zu Ende gedacht, ging ein Aufschrei durch die Reihen der Rehe, Hirsche und Wildschweine, die ein wenig abseits standen und die scheinbar in der Lage waren, seine Gedanken zu verstehen. Empört redeten sie alle durcheinander und die drei Mütter brachen in lautes Wehklagen aus, weil ihre toten Kinder sich auch noch verhöhnen lassen mussten.

Der Keiler aber, der diese irre Verhandlung zu leiten schien, trat nun drohend näher, um die Verhandlung fortzuführen.

Der Hirsch, der die Anklage vorgebracht hatte, hatte nun alle Mühe, die aufgebrachte Menge zurückzuhalten, die auf den Baron losstürmen wollte, um ihn für seine bösen Gedanken zu bestrafen.

Als die Menge sich wieder beruhigt hatte, fuhr der Keiler in seiner Verhandlungsführung fort und befragte den Baron noch einmal nach den Ereignissen des Tages, an dem die drei Waldkinder unter den Messern der Mähmaschine ihr Leben verloren hatten.

Lautes Schluchzen durchbrach wieder die angespannte Stille der Waldlichtung und die Mütter der drei toten Waldkinder konnten sich gar nicht fassen in ihrem Schmerz.

Der Keiler aber ließ nicht locker und zwang dem Baron das Geständnis ab, dass er vor Einsatz der Mähmaschine die Wiese nicht hatte absuchen lassen nach Kitzen, die von ihren Müttern dort abgelegt worden waren. Es wäre die Pflicht des Barons gewesen, entweder selbst nach abgelegten Rehkindern suchen zu lassen oder aber den Natur- und Wildschützern die Erlaubnis zu erteilen, nach den kleinen hilflosen Wesen zu suchen, um sie in Sicherheit zu bringen.

Drohend und unheilversprechend hatten nun von allen Seiten mehrere Eber die Lichtung betreten und ihre Hauer angriffslustig gegen den Baron gerichtet. Ihre Augen funkelten gefährlich in der Dunkelheit, die nun die Lichtung in tödliche Schwärze getaucht hatte.

Schiere Todesangst stieg in dem Baron auf. In der Dunkelheit konnte er seine Richter nicht mehr erkennen und er war sicher, dass seine Henker nun den Gerichtsplatz in einen Hinrichtungsplatz verwandelt hatten.

Seine Angst steigerte sich ins Unermessliche und eine gnädige Ohnmacht erlöste ihn und senkte erlösende Dunkelheit über seine Sinne.

Als er aus seiner Ohnmacht erwachte, lag er in einem weißen sauberen Bett, und eine nette Krankenschwester fragte sanft: „Na, Herr Baron, wie geht es Ihnen?“

Völlig verwirrt fragte er: „Wo bin ich denn hier?“

„Sie sind im Krankenhaus, Herr Baron, Sie sind auf einer Waldlichtung von einem Keiler angegriffen und schwer verletzt worden. Der Herr Professor wird nachher mit Ihnen reden.“

Nachts in der Eifel

Die Taschenlampe flackerte seit ein paar Minuten bedenklich. Was mache ich nur, wenn sie ganz ausgeht? Verzweiflung?

Oh nein, so ein Gedanke darf nicht einmal andeutungsweise gedacht werden. Wenn wenigstens der Mond oder die Sterne ein wenig Licht spenden würden, aber nein, ausgerechnet heute ist der Nachthimmel schwarz, kohlrabenschwarz.

Die Eifel ist ja wunderschön, einsame Straßen, abgelegene Dörfchen, Ruhe, Stille, Beschaulichkeit. Ja, diese Attribute zählen bei Tag und wenn die Sonne scheint.

Bei Nacht auf einer einsamen Landstraße mit einem platten Reifen sieht die Eifel leider ganz anders aus, dunkel, drohend, kalt und nur beseelt von Geistern, die fast lautlos um mich herumsegeln. Ja, ja, ich weiß, es könnten Eulen sein, oder sind es doch Geister? Es sind Geister, ich spüre es, wie sie mich mit ihren hauchdünnen Schleiern umarmen und umgarnen. Ich glaube, die klebrigen Fäden von unsichtbaren Riesenspinnen sind gerade dabei, meinen Hals zu umwickeln. Mich gruselt und ich kriege keine Luft mehr.

Die Stimmen der Nacht hören sich an wie spottendes, schadenfrohes Gelächter. Oh, gerade höre ich einen markerschütternden Schrei, nein, so schreit kein menschliches Wesen und ein Tier auch nicht. Hilfe, ich bin umgeben von Gnomen, Trollen, Gespenstern und Vulkanteufeln. Horror pur, und meine Taschenlampe gibt jeden Moment ihren Geist auf.

Zack, jetzt ist es passiert. Ich schüttele sie, als ob sich dadurch die Batterie wieder aufladen würde. Blödsinn, ich glaube, ich kriege gerade einen Herzschlag, mir zittern die Beine. Nein, nicht nur die Beine, alles, was an mir zittern kann, reiht sich ein in die große Zitterarie, die ich nicht unter Kontrolle bringen kann. Ich gehe in die Knie und weine, weine, weine …

Plötzlich berührt irgendetwas meine Schulter und während ich vor Schreck und Angst befürchte, das Bewusstsein zu verlieren, fragt eine dunkle männliche Stimme, ob er mir irgendwie helfen kann. Noch im Hinabsinken ins schützende Land der Ohnmacht glaube ich zu wissen, dass das die Stimme des Todes ist, der jetzt herbei geeilt ist, um mich zu holen. Dann kommt die Erlösung und es wird auch in mir dunkel, so dunkel wie die Nacht, in der meine Taschenlampe mangels frischer Batterien gestorben ist.

Nils und Akka

Wenn ein Jahr mit eiligen Schritten seinem Ende entgegenstrebt, freuen sich die meisten Menschen auf ein fröhliches Weihnachtsfest. In den warmen Wohnungen kann man schon einen Hauch von Weihnachtsgebäck und Bratäpfeln wahrnehmen. Es ist mehr eine Ahnung, als dass man die Düfte wirklich erschnuppern könnte.

Die Kinder bastelten Laternen für den Martinsumzug und schrieben schon mal die ersten Wünsche auf ihre Wunschzettel, die Großmutter strickte unentwegt. Mützen, Schals und Handschuhe sollten pünktlich zum Nikolaustag fertig sein. Die Mutter hatte bereits eine Idee fürs Weihnachtsessen. Viel Erfindungsgeist war dazu nicht nötig, denn es sollte – wie jedes Jahr – eine Weihnachtsgans mit Klößen und Rotkraut auf den Tisch gebracht werden.

Vater und Großvater schüttelten zunächst noch die Köpfe über die allzu früh beginnende Weihnachtshektik, die bereits jetzt schon die ganze Familie ergriffen hatte. Sie ließen sich dann aber doch von der Stimmung gefangen nehmen und versuchten nun ihrerseits auch einen Beitrag zur allgemeinen Vorfreude beizusteuern. Der Großvater versprach, dass er sich um den Christbaumständer kümmern wolle, und der Vater versprach, die Weihnachtsbeleuchtung auf einwandfreies Funktionieren zu überprüfen.

Während man so miteinander redete und plante, kündigte die Türglocke einen Besucher an. Es war ein Junge aus der Nachbarschaft, der Lose verkaufte für die große Verlosung, die am 11.11., am Martinstag nach dem feierlichen Laternenumzug und dem gewaltigen Martinsfeuer, stattfinden sollte. Da man sich natürlich nicht vor der Nachbarschaft blamieren wollte, kaufte man dem Jungen ein paar Lose ab, weniger um einen Gewinn mit nach Hause zu nehmen, sondern eher um sich keine Blöße vor den Nachbarn zu geben.

Die Kinder freuten sich riesig in Erwartung eines kleinen Losgewinns. Vor allem die kleine Martha war ganz aus dem Häuschen und als sie noch erfuhr, dass eine Gans als Hauptgewinn ausgelobt war, fühlte sie sich schon als Gewinnerin. Sie war fest überzeugt, dass die Nummer ihres Loses beim Hauptgewinn aufgerufen würde. Diese überschäumende Freude wurde aber jäh beendet durch die Bemerkung ihres älteren Bruders, dass die Gans doch sowieso geschlachtet werden würde.

Oh je, das war zu viel für Martha. Sie brach in Tränen aus und ließ sich gar nicht so leicht trösten. Erst als Papa sie in den Arm nahm und ihre Tränen trocknete, ließ der Kummer des kleinen Mädchens ein wenig nach. Papa musste ihr allerdings fest versprechen, dass *ihre* Gans niemals geschlachtet werden würde.

So war nun der Familienfrieden wieder hergestellt und der große Tag konnte kommen, an dem St. Martin hoch zu Ross die Lichterprozession anführen würde und an dem die Gans verlost werden würde.

Für Martha konnte es am Martinstag gar nicht schnell genug dunkel werden. Sie rechnete immer noch ganz fest damit, dass sie die Gans gewinnen würde. Papa hatte ja versprochen, dass die Gans nicht geschlachtet werden würde. So lief sie also mit ihrer Laterne an Papas Hand mit den anderen Kindern mit. Auf dem großen Platz, auf dem das Martinsfeuer schon meterhohe Flammen warf, sah sie zum ersten Mal die Gans, *ihre* Gans, wie sie meinte.

Der Käfig mit der Gans darin stand auf der Ladefläche eines hohen Lastwagens, damit alle Besucher des Martinsfestes sie genau sehen konnten. Verängstigt und verzweifelt saß sie in einer Ecke und war sicher, dass sie das ganze Spektakel nicht überleben würde.

Martha hielt ihr Los mit der Nummer 308 ganz fest in der Hand und sie lauschte auf jedes Wort, das aus dem scheppernden Lautsprecher kam. Sie hoffte, dass sie keinen der kleinen Trostpreise gewinnen würde. Ihr Ziel, ihr Traum, ihre Sehnsucht war die Gans im Käfig.

Ihre Geduld wurde allerdings auf eine harte Probe gestellt. Die Verlosung zog sich nach ihrer Meinung endlos lange hin und als sie schon fast den Tränen nahe war, kündigte der Sprecher nun die Verlosung des Hauptgewinnes an. Der Musikverein spielte einen Tusch und der Bürgermeister hatte die Ehre, die Nummer des Hauptpreises aus der Lostrommel ziehen zu dürfen.

Nach einem Trommelwirbel und noch allerlei Tamtam wurde es auf einmal ganz still und der Sprecher begann die Nummer des

Hauptgewinnes vorzulesen, gaaaanz langsam: „drei null acht.“

Martha verstand diese Zahlenfolge nicht und schaute hilflos zu ihrem Papa hoch. Und dann sagte der Sprecher die Zahl noch einmal: „dreihundertacht.“

Martha war einen Augenblick lang wie erstarrt und dann schrie sie los und rannte zu dem Sprecher hin. Ihr Vater konnte kaum Schritt halten mit ihr. Ganz aufgeregt und zappelig gab sie dem Bürgermeister ihr Los mit der Nummer 308. Ja, ja, ja, sie hatte ihre Gans tatsächlich gewonnen.

Der Bürgermeister gratulierte ihr dazu ganz herzlich und meinte, dass sie nun die Gans als Weihnachtsbraten mitnehmen dürfe. Das hatte sie schon nicht mehr so richtig gehört, denn jetzt stand sie lachend am Drahtkäfig, in dem die Gans saß. Ganz beiläufig drehte sie sich um und versicherte dem verblüfften Bürgermeister, dass die Gans nicht geschlachtet werden würde, sondern dass sie leben dürfe, bei ihr zu Hause im Garten. Papa hatte es versprochen.

Der Bürgermeister, der nicht auf den Mund gefallen war, nahm sie bei der Hand und fragte Klein-Martha, ob sie denn auch einen

Namen für die Gans wüsste. Jaaaaa, den Namen für ihre Gans hatte Martha doch schon vor ein paar Tagen ausgesucht. Nils sollte die Gans heißen, ganz nach dem Däumling Nils Holgersson, der mit den Gänsen nach Lappland geflogen war und so manches Abenteuer zu bestehen hatte auf dem Rückflug über Schweden.

Martha war überglücklich und Papa, der Nils im Käfig nach Hause trug, wusste nun, was er zu tun hatte. Er musste ja sein Versprechen einhalten, dass Nils leben durfte. Auf dem Nachhauseweg war er ein wenig still geworden, weil er schon im Kopf plante, wie und wo Nils untergebracht werden könnte, denn Marthas neuer gefiederter Freund sollte doch ein glückliches Gänseleben haben. Ein wenig besorgt war er schon, was die Mutter wohl sagen würde, wenn Martha und er mit einer lebenden Gans namens Nils nach Hause kommen würden.

Gut, was dann zu Hause los war, als der Käfig mit Nils auf dem Küchentisch stand, erzähle ich jetzt lieber nicht im Einzelnen. Ist ja auch egal. Es sei nur so viel gesagt, es ging heftig zur Sache und es flossen reichlich Tränen, weil ein Teil der Familie Nils lieber im Bratofen als im Garten gesehen hätte. Die kleine Martha kämpfte wie eine Löwin um ihren neuen Freund und auch Papa legte sich kräftig ins Zeug für Nils. Frieden wurde erst geschlossen, als Papa fest versprochen hatte, sich mit Martha zusammen um Nils zu kümmern.

Weihnachten ging vorbei und Nils überlebte sowohl den Martinstag als auch die Weihnachtsfeiertage.

Als der Frühling kam, flog eines Tages eine zierliche Gänsefrau über den Garten hinweg. Aber als sie Nils entdeckt hatte, flog sie eine kunstvolle Schleife und landete direkt neben ihm. Muss ich euch erzählen, was dann passiert ist? Nein, ich glaube, das könnt ihr euch denken. Jedenfalls liefen im Sommer acht muntere Gösselchen mit ihren Eltern Nils und Akka in dem großen Garten herum. Mittlerweile hatte Marthas Papa den Gartenteich vergrößert, damit die fröhliche Gänsefamilie auch in ihrem zweiten Element, nämlich dem Wasser, zu Hause sein konnte.

Alle waren glücklich und versöhnt, der Familienfriede war wiederhergestellt und Nils und Akka waren ganz wundervolle Gänseeltern.

Schwarzer Mittwoch

Nicht weit entfernt ertönte eine laute Sirene ... und noch eine und noch eine und noch eine ... Alle Sirenen im Ort heulten, als ob sie den Weltuntergang ankündigen würden. Nun, so weit entfernt von der Wirklichkeit war der Vergleich nicht. Dem Sirenengeheul waren zwei heftige Detonationen vorausgegangen, die unseren Ort erschüttert hatten. Aber lasst mich diese grausame Geschichte von Beginn an erzählen.

Es war Mittwoch, der 7.2.1962, morgens kurz nach 8 Uhr. Ich war noch ein Kind und wir hatten schulfrei, weil die Heizung im Schulgebäude ausgefallen war und die Reparatur etwas länger dauerte, als es geplant war.

Mein Papa, der im nahen Bergwerk Luisenthal arbeitete, hatte in dieser Woche Nachtschicht. Er arbeitete von 22 Uhr abends bis zum nächsten Morgen um 6 Uhr als Hauer unter Tage. So war es auch in der Nacht von Dienstag auf Mittwoch. Papa war nach der Nachtschicht immer sehr, sehr müde. Trotzdem frühstückte er gemeinsam mit Mama und mir, bevor er sich zum Schlafen hinlegte.

Für mich bedeutete das immer, dass ich still zu sein hatte, damit er in seiner wohlverdienten Ruhe nicht gestört würde. Da ich von jeher eine Leseratte war, auch schon als Kind, fiel mir das Stillsein nicht schwer. Ich half Mama noch beim Wegräumen des Frühstücksgeschirrs und wollte mich gerade mit meinem Buch in mein Zimmer zurückziehen, als die beiden gewaltigen Detonationen unseren Ort erschütterten. Auch Papa wurde dadurch aus dem ersten Schlaf gerissen und mit schreckgeweiteten Augen stürmte er in die Küche.

„Da muss was Schreckliches in der Grube passiert sein.“ Und zu Mama gerichtet fauchte er: „Los, leg meine Ausrüstung raus, ich ziehe mich mittlerweile an, ich werde gebraucht.“

Minuten später heulten auch schon die Sirenen los und riefen die Männer der Grubenwehr zur Zeche. Papa war einer der Grubenwehrmänner, die stets in Bereitschaft waren, um ihren Dienst zu leisten, für den sie ausgebildet waren.

Papa, der in Windeseile seine Feuerwehrbekleidung angelegt hatte, drückte Mama und mich noch innig an sich und flüsterte: „Ich liebe euch, vergesst das nicht."

Dann verließ er im Sturmschritt die Küche, aber nicht ohne vorher noch einen bittenden Blick zur heiligen Barbara geworfen zu haben, die als Schutzpatronin der Bergleute in jedem Haus einen Ehrenplatz hatte. Wir riefen ihm noch ein hastiges „Glück auf" nach, das er genauso hastig erwiderte. Dann schwang er sich auf sein Fahrrad und fuhr so schnell er konnte zur Grube hin.

Mama begann heftig zu weinen und auch ich spürte, dass dies kein gewöhnlicher Einsatz für Papa werden würde. Als er mich an sich gedrückt hatte, konnte ich für Sekunden spüren, wie wild und aufgeregt sein Herz gepocht hatte.

Mama schluchzte und weinte und auch ich litt entsetzlich, weil ich ihre Verzweiflung überdeutlich spürte. Meine Hilflosigkeit in dieser Situation ließ mich ratlos da stehen mit der Angst, dass ich Papa niemals wiedersehen würde. Das Geheul der Sirenen tat ein Übriges, um meine Angst noch zu verstärken.

Als Mama sich ein wenig beruhigt hatte, nahm sie mich fest bei der Hand und wir liefen Hand in Hand zur Zeche hin in der Hoffnung, dass es vielleicht doch nur ein Probealarm wäre, bei dem getestet werden sollte, wie schnell die Grubenwehr einsatzbereit sei.

In unserer Straße, in der vorwiegend Bergmannsfamilien zu Hause waren, flogen nacheinander die Haustüren auf und die besorgten Frauen und Mütter eilten im Laufschritt zum Alsbachschacht hin. Jede wusste, dass dort etwas Grauenhaftes passiert sein musste, und sie alle bangten um die Männer, die zur Frühschicht eingefahren waren.

In das teuflische Inferno von Dutzenden von Sirenen mischten sich jetzt auch noch die Alarmsignale von Polizei und Krankenwagen. Wenn noch irgendjemand gehofft hatte, dass es sich doch nur um einen Probealarm gehandelt haben könnte, war er jetzt dieser Hoffnung beraubt worden.

Vor dem Zechentor standen schon viele Leute und verlangten lautstark Aufklärung darüber, was dort unter der Erde geschehen war. Aber niemand von der

Grubenverwaltung war zu dem Zeitpunkt in der Lage, eine verlässliche Aussage zu machen, was wirklich passiert war. Erst nach mehr als 1 ½ Stunden trat ein Mitarbeiter der Verwaltung mit einem Megafon vor die Leute und teilte mit, dass es in 500 Metern Tiefe eine Schlagwetterexplosion gegeben hatte, die direkt danach eine Kohlenstaubexplosion ausgelöst hatte. Zu dem Zeitpunkt arbeiteten dort mehrere hundert Bergleute.

Die Rettungsmaßnahmen, die sofort eingeleitet wurden, hatten nur mäßigen Erfolg. Die Grubenwehr konnte nur ca. 60 Männer unverletzt ans Tageslicht holen. Ca. 70 Kameraden konnten lebend, aber schwer verletzt geborgen werden. Und die Übrigen? Was war mit den anderen?

Nun trat zu dem Mann mit dem Megafon ein zweiter hinzu, der Listen verteilte, auf denen die Namen der Geretteten standen. Alle Angehörigen und Freunde der Männer, die mit der Frühschicht eingefahren waren, suchten nun verzweifelt auf den Listen nach dem Namen ihres Gatten, ihres Sohnes, ihres Bruders oder Freundes. Die meisten suchten vergebens. Nur Wenige waren gerettet, aber was war mit den anderen, die nicht auf der Liste standen?

Ein markerschütterndes Wehklagen aus hunderten von Stimmen zeugte von der inneren Gewissheit in den Herzen der Angehörigen und Freunde, dass alle anderen, die nicht auf der Liste standen, ihr Leben verloren hatten.

Die Geretteten wurden in die umliegenden Krankenhäuser gebracht und nach mehreren Stunden, die mittlerweile vergangen waren, ebbte die Kolonne der Krankenwagen ab, bis auch der letzte das Grubengelände verlassen hatte.

Dann rollten nur noch die schwarzen Leichenwagen in einer endlos langen Schlange langsam zum Förderkorbausstieg hin und nahmen pietätvoll die in Tücher gehüllten verkohlten Körper von 287 Männern in Empfang, um sie würdevoll an den Ort zu bringen, an dem sie identifiziert werden konnten.

Bis tief in die Nacht verließ ein schwarzer Wagen nach dem anderen das Grubengelände, bis dann auch der letzte sich entfernt hatte. Nun wurden die Listen mit den Namen der Toten verteilt und wenn manche Mutter, manche Ehefrau noch bis zuletzt gehofft hatte, dass ihr geliebter Angehöriger noch leben würde, so war mit Aushändigung der Liste diese Hoffnung endgültig zerschlagen worden. Der Name auf der Liste der Toten ließ keine Hoffnung mehr zu.

Mama und ich gingen langsam nach Hause und das Weinen und Klagen der Trauernden begleitete uns und traf uns bis ins Herz. Wir hatten zwar keinen Angehörigen verloren, spürten aber den Schmerz der Betroffenen genauso wie diese.

Papa sahen wir erst zwei Tage später wieder, er war in diesen beiden Tagen um Jahre gealtert, seine lustigen schelmischen Augen waren einem tiefen ernsten Blick gewichen. Zu viel hatten sie sehen müssen, was kein Auge der Welt ertragen kann. Papa konnte jahrelang nicht darüber sprechen, was er in der Tiefe hatte sehen müssen.

Am 10. Februar fand dann im Kesselhaus der Grube Luisenthal die Trauerfeier für 287 tote Bergleute statt. Im nahen Park der Grube standen 287 Särge mitten in einem Meer von Blumen. Tausende Menschen waren gekommen, um den Männern die letzte Ehre zu erweisen. Alle Kirchenglocken läuteten eine Viertelstunde lang und zu Ehren der Toten ruhte der Straßenverkehr im ganzen Saarland 15 Minuten lang.

Zwölf Schwerverletzte verloren in den kommenden zwei Wochen ebenfalls ihren Kampf ums Überleben und so waren insgesamt 299 Todesopfer zu beklagen.

Tanz der Niednixen

Wieder einmal war sie auf der Flucht, auf der Flucht vor dem Geschrei und den Prügelorgien ihrer Mutter. Wurde sie eben noch mit stählerner Hand bei den Haaren gepackt und bekam die zweite Stahlhand schmerzhaft im Gesicht zu spüren, gelang es ihr im nächsten Moment, dieser Umklammerung geschickt zu entkommen. Auf dem Weg zur Haustür konnte die aufs Äußerste aufgebrachte Mutter ihr nicht folgen, da sie über den im Flur liegenden Ranzen stolperte und hinfiel. Während sie sich wieder aufrichtete, stieß sie noch eine letzte Drohung gegen das Kind aus: „Ich schlag dich tot, du Teufelsbraten, warte nur, wenn du heimkommst."

Das kleine Mädchen, dem diese wüste Drohung galt, war gerade mal sechs Jahre alt und es wünschte sich nichts sehnlicher, als endlich tot zu sein, um nicht mehr hin- und hergerissen zu werden zwischen dem quälenden Draufhauen und den herzlosen gefühllosen Liebkosungen, die sich stets an diesen sinnlosen Strafvollzug anschlossen. Die Kleine hasste diese Liebkosungen genauso, wie sie die Schläge fürchtete. Es war nicht leicht, stets auf der Hut zu sein vor den urplötzlich einsetzenden Wutausbrüchen der Mutter.

So lief sie, so rasch sie konnte – immer noch den Widerhall dieser Todesdrohung im Ohr –, in den nahen Wald zu den Bäumen, unter deren schattigen Zweigen sie sich niederließ, um ihrem aufgeregt schlagenden Herzen Gelegenheit zu geben, sich zu beruhigen. Sie sehnte sich nach den schützenden Armen ihrer Großmutter, in die sie sich flüchten konnte, wenn wieder einmal der Vulkan der Gewalt ausgebrochen war. Aber sie war nicht in der Nähe und so musste die Kleine die ganze Wucht der Schläge und die ganze Last ihrer verwirrten Gedanken alleine tragen.

Unendlich traurig und voller Angst, die Mutter könnte ihr gefolgt sein, erhob sie sich und lief den Hügel hinunter bis zu dem kleinen Flüsschen Nied, der sich in sanften Mäandern durch das Tal schlängelte, bis hin zur Mündung, die nicht mehr fern war. Sie beneidete das Flüsschen, um sein Wissen um das Ziel, dem das Wasser eifrig entgegenfloss, wohlwissend, dass es sich im großen

Fluss auflösen müsse, dass es eins werden würde mit dem großen Ganzen.

Ohne sich dessen bewusst zu sein, wünschte sich auch das kleine Mädchen, Eins sein zu dürfen mit einem großen schützenden Ganzen. So wie die Nied sich mit dem großen Fluss vereinte, so wollte es auch Eins sein, mit wem oder was, wusste es allerdings nicht. Diese diffuse Sehnsucht drang noch nicht in sein bewusstes Denken hinein, dafür war das Mädelchen noch zu klein. Sein Gefühl und sein Sehnen waren dem Denken aber bereits weit voraus, und diese Diskrepanz zwischen Fühlen und Denken verwirrte das Kind vollkommen.

Als es die Nied erreicht hatte, verschwand die Angst so langsam, denn es kannte dort einen Platz, an dem es sich verstecken konnte. Am leicht abfallenden Ufer stand eine uralte Trauerweide, deren weiche Zweige so dicht und so lang waren, dass es sich darunter verstecken konnte, ohne vom Fußweg aus gesehen zu werden. Diese Trauerweide war sein Baum, sein Freund, seine Zuflucht und immer wieder sein Ziel, wenn es Trost suchte, den es bei den Menschen nicht fand. Ihr vertraute es seine

Verzweiflung, seine Angst und seine Einsamkeit an, stumm und ohne Worte. Auf die gleiche Weise, stumm und ohne Worte, antwortete der weise alte Baum, und mit seinen langen grünen Haaren trocknete er sanft die Tränen der Kleinen.

Als es sich ein wenig beruhigt hatte, schob der Baum seine Zweige zum Flüsschen hin ein wenig auseinander, sodass das Mädelchen aufs munter dahinplätschernde Wasser blicken konnte. Die Nied floss an dieser Stelle eine kleine Kurve, und das Wasser überschlug sich manchmal in lustigen kleinen Wirbeln. Die entstehenden Wellen spritzten ein wenig in die Höhe, teilten sich in tausend Tröpfchen und im hellen Sonnenlicht fielen sie wie glitzernde Diamanten wieder zurück. Die Welle, die sie in die Luft katapultiert hatte, war längst nicht mehr da, sodass sich die kleinen Wassertropfendiamanten, ein wenig verwirrt ob ihres verlorenen Ursprungs, in fremden Wellen wiedergeboren fanden.

Das kleine Mädchen schaute diesem lustigen Verwirrspiel der Wassertröpfchen, die urplötzlich zu Diamanten wurden, zu. Vergessen waren die Tränen, vergessen war das

Geschrei, vergessen waren die Hiebe. Hier war Freude, hier war Leben, hier war Liebe. Glücklich lachte es auf, denn sein Herz empfing diese Liebe, die die Sonne ihm schenkte, die der Baum ihm schenkte, die die Nied ihm schenkte, die die Wassertropfendiamanten ihm schenkten. Hier fühlte es sich willkommen, hier fühlte es sich frei, hier fühlte es sich geliebt, und diese Gefühle nahm es mit auf seinem Weg durchs Leben und niemandem ist es bis heute gelungen, diese Liebe aus seinem Herzen zu reißen.

Wie es so gebannt auf die lustig tanzenden kleinen Wellen schaute, glaubte es, unter Wasser bunte Steine erkennen zu können, die sich im Rhythmus der kleinen Wellen und Strudel hin und her bewegten. Blaue, rote, gelbe Steine? Nein, das gibt es nicht, dachte es bei sich, das können keine Steine sein, und plötzlich erkannte es, was dort so lustig im Wasser hin und her tanzte. Es waren viele, viele kleine Niednixen, die aber nicht wild durcheinander wirbelten, sondern einer unsichtbaren Choreografie zu folgen schienen. Ja, jetzt erkannte es die Gleichmäßigkeit der Bewegungen, die die kleinen Nixen so gekonnt vollführten.

Ja, und dann entdeckte es am Uferrand, halb verdeckt von hohem Schilfgras, die Taktgeberin mit ihrem Tamburin, eine stattliche ältere Niednixe mit blondem Haar und freundlich lächelndem Gesicht. Sie war mit einer überaus stattlichen Oberweite gesegnet und ihr Unterkörper war schmal und geschmeidig, so, wie es sich für Nixen gehört.

Sofort hatte das kleine Mädchen diese Nixe mit dem ausladenden weichen Busen lieb, weil die Großmutter ihm erzählt hatte, dass Frauen und Nixen, die ein großes Herz außen haben, auch ein großes Herz innen haben. Ja, und diese Nixe hatte sogar zwei große Herzen außen. Das Kind war sich aber nicht sicher, ob die Tamburin-Nixe innen auch zwei Herzen hätte oder doch nur eines.

Wie es noch rätselte, was denn nun korrekt sei, ein Herz in der Brust oder zwei, hörte es von Ferne die Abendglocken läuten und schlagartig verschwanden die kleinen Nixen und mit ihnen die liebe nette Tamburin-Nixe.

Das kleine Mädchen schreckte hoch wie aus einem Traum und sofort sprang die Angst es wieder an, denn es hätte beim Abendläuten zu Hause sein müssen. Es wusste, was ein Zuspätkommen bedeutete. Es schrie auf und sein Weinen wurde immer heftiger, nein, es war kein Weinen mehr, es war das Schreien eines gepeinigten Tieres. Pure Verzweiflung, die sich über die Stimme des Kindes mitzuteilen versuchte.

Aber dieses Mal schienen seine Hilfeschreie gehört worden zu sein, denn am Rand des Ufers, nahe beim Schilf, saß auf einem Stein ein Mann mit einem langen weißen Bart, der freundlich zu dem Kind herüberlächelte und es sanft zu sich herwinkte.

Die Neugier siegte in diesem Fall gegen die Verzweiflung und es lief zu dem Mann hin, der es tröstend in die Arme nahm, der es liebevoll an sich drückte und es so lange festhielt, bis es sich beruhigt hatte.

Während er es umarmte, hatten sich die Händchen des Kindes in seinem langen weißen Bart festgekrallt und es schien, als ob es dadurch verhindern wollte, dass es diesem Mann jemals wieder entrissen werden könnte. Der Mann aber, der die Verzweiflung des Kindes schmerzhaft spürte, konnte sein Weinen nicht mehr aufhalten und dicke heiße Tränen tropften auf einen großen schwarzen Stein, der zu seinen Füßen lag, und jede Träne, die ihren Weg zu dem schwarzen Stein fand, verwandelte sich in pures Silber. Bald war der ganze Stein mit schimmerndem Silber überzogen und als er keine Tränen mehr hatte, hatte auch das Kind sich beruhigt.

Neugierig fragte es nun seinen Tröster, wer er denn sei und wo er denn herkomme. Der Mann lächelte milde und erklärte dem Kind, dass er aus der Zukunft gekommen sei, um ihm den Weg zu zeigen in ein glückliches unbeschwertes Leben. Kein Wort hatte das Mädelchen verstanden, es wusste nicht, was eine Zukunft ist, und was ein glückliches unbeschwertes Leben ist, wusste es auch nicht. Es hatte nur eines verstanden, dass es eines liebenden Herzens bedurfte, um leben zu können.

Die Dämmerung war leise und fast unmerklich ans Werk gegangen und die Farben wurden blasser, der Wind ließ die Blätter der Trauerweide wispern und tuscheln und die Nied hatte aufgehört, Wassertröpfchen von der Sonne in Diamanten zu verwandeln. Es wurde kühl und der Mann mit den silbernen Tränen stand auf, um dorthin zurückzukehren, wo er hergekommen war, nämlich in die Zukunft.

Die Kleine bestürmte ihn, er möge sie doch mitnehmen in die Zukunft, aber er erklärte ihr, dass er sie nicht mitnehmen könne in seine Zukunft, weil jeder Mensch, jedes Tier, jeder Baum und überhaupt alles, was ist, eine eigene Zukunft hat, dass er ihr aber einen Gefährten mit auf den Weg in ihre eigene Zukunft geben wolle.

So stiegen sie die Uferböschung hinauf und da stand ein kleiner blonder Junge mit einer weißen Baskenmütze, einem weißen Jäckchen und weißen Schuhen, der so herzlich lachte, dass das kleine Mädchen ihn sofort lieb gewann. Der Junge schien den Mann mit dem weißen Bart zu kennen, denn er lief auf ihn zu und die beiden begrüßten sich so herzlich, als ob sie miteinander verwandt wären.

Obwohl das Herz des kleinen Mädchens so schwer war, spürte es in sich drin die Leichtigkeit und die Liebe, die von diesem Jungen kam. Ruhe und Frieden lagen über dem Mann mit dem weißen Bart, dem Jungen mit dem blonden Haar und dem kleinen Mädchen, das nun fragend um sich blickte, denn der Mann mit dem Bart entfernte sich langsam rückwärts und machte sich auf den Weg zurück in seine eigene Zukunft. Während er sich rückwärts bewegte, wurden seine weißen Locken und sein Bart zu purem Silber. Er winkte den beiden Kindern noch einmal herzlich zu und war just in dem Moment verschwunden, als der Mond über dem Hügel aufgegangen war.

Die Kinder nahmen sich bei der Hand und gingen gemeinsam, bis sie an eine Wegkreuzung mit vielen Abzweigungen kamen. Hier löste der Junge seine Hand aus der Hand des Mädchens und erklärte ihr, dass er sie nicht weiter auf ihrem Weg in die Zukunft begleiten könne, da jeder eine eigene Zukunft habe, und dass jeder seinen eigenen Weg gehen müsse.

Die Kleine war traurig, aber sie hatte keine Angst mehr, denn sie fühlte, dass sie den silbernen Mann und den blonden Jungen in ihrer eigenen Zukunft wiedertreffen würde und dass ihre Seelen nach diesem Erlebnis am Fluss von jetzt an für immer verbunden sein würden, egal, wohin das Leben sie alle treiben würde.

Mittlerweile war es ganz dunkel geworden und die Mutter begann, nachdem sie ihre Wut ausgetobt hatte, sich um das kleine Mädchen zu sorgen. Polizei und Feuerwehr wurden alarmiert und man begann in der Nacht noch nach dem Kind zu suchen. Aber das geängstigte, geschundene Kind wurde nicht gefunden.

Am nächsten Morgen, als es hell geworden war, suchte man das Ufer der Nied ab, weil man auf dem Weg eine ihrer Haarschleifen gefunden hatte.

Aber auch am Ufer konnte man sie nicht finden. Gefunden hatte man – und das stand am nächsten Tag groß in der Zeitung – einen großen Stein aus purem Silber.

Im Wasser der Nied hätte man, wenn man nicht solch einen Lärm gemacht hätte, die kleinen Nixen kichern hören können und die große Nixe mit den drei oder vier Herzen rief laut aus: „Gut gemacht, Silberling“.

Das kleine Mädchen aber ist, trotz tagelanger Suche, nie gefunden worden.

Tragödie in zwei Akten

Das Papier zitterte in meinen Händen. Sofort kamen die grausamen Bilder wieder in mir hoch und mein Kopf fühlte sich an, als ob mein Gehirn mit Tausenden von Glassplittern umgerührt werden würde. Es war nicht so, als ob ich mich nur erinnerte, nein, ich war erneut mittendrin in dem Geschehen. Ich durchlitt abermals jene quälende halbe Stunde. Die Schreie jener Frau, die unschuldig zum Opfer geworden war, peitschten ein weiteres Mal wie Geißelhiebe durch mein Bewusstsein.

In meinen zitternden Händen hielt ich das Schreiben des Gerichts, mit dem ich geladen wurde, als Zeugin jenes Verbrechens gegen den Täter auszusagen. Nein, nicht die Angst vor der Zeugenaussage ließ meine Hände flattern, sondern das Lebendig-Werden der Geschehnisse an jenem denkwürdigen Mittwochnachmittag war der Grund für meine heftige Reaktion.

Zuerst tauchte die Erinnerung an die ergreifende Beerdigungszeremonie für meinen ehemaligen Lehrer auf, danach kam es aber knüppeldick. Ich wurde wieder hineingeworfen in die Szene, die sich scheinbar unauslöschlich ins Mosaik meiner Seele eingebrannt hatte.

Ja, ich würde gegen diesen Verbrecher, welcher verachtenswerter war als ein Mörder, aussagen. Er sollte büßen für das, was er getan hatte. Er hatte das Leben einer blutjungen Frau zerstört. Oh, nein, sie war nicht gestorben. Sie wurde zum Leben verurteilt, zu einem Leben, das schlimmer war, als es ein gnädiger Tod hätte sein können. Blind, entstellt und vom Hals ab gelähmt vegetierte sie seitdem dahin. Sie litt entsetzlich. Obwohl alle körperlichen Verletzungen durch die Kunst der Mediziner das mögliche Maximum an Wiederherstellung erreicht hatten, waren die Wunden der Seele, wie schwelende Glut, schmerzhafter denn je. Die Trauer über ihr zerstörtes Leben und die Einschränkung jeglicher Bewegung aus eigenem Antrieb lasteten zentnerschwer auf ihr bis hin zu Gedanken, die den Tod nicht mehr als Schrecken empfanden, sondern als guten Freund, der die Erlösung bringen würde.

Das Unglück für diese bedauernswerte junge Frau nahm seinen verhängnisvollen

Lauf ausgerechnet auf dem Friedhof bei der ergreifenden Beerdigungszeremonie für unseren hochgeschätzten, ja man könnte sogar sagen, geliebten Studienrat Dr. Jakobs, von uns nur kurz „Drops“ genannt.

Er hatte unseren Jahrgang als Deutschlehrer zwei Jahre lang begleitet und er war das Beste, was uns während unserer gesamten Schulzeit an Lehrern begegnet war. Er hatte es verstanden, uns für die deutsche Sprache zu begeistern und uns in die Welt der Literatur zu entführen. So war es für alle Mitglieder unseres Jahrgangs, die nicht in alle Winde verstreut waren, ein Bedürfnis, ihn auf seinem letzten irdischen Weg zu begleiten. Es war ergreifend zu sehen, wie viele Schülerinnen und Schüler und wie viele Ehemalige gekommen waren, um ihm ein würdiges Geleit auf dem Weg in die Ewigkeit zu geben. Die Einsegnungshalle, in der die Trauerfeier abgehalten wurde, war viel zu klein, um alle Trauergäste aufzunehmen. Deshalb wurde die Feier über Lautsprecher nach außen übertragen und wenn alle Tränen, die drinnen und draußen vergossen wurden, zu Perlen werden würden, dann hätte man damit eine riesengroße Schatztruhe füllen können.

Nachdem die letzte ehrlich gemeinte Lobrede gehalten war, die letzte zu Tränen rührende Trauerrede ihren Zweck erfüllt hatte und Mozarts „lux aeterna", meisterhaft vorgetragen vom Schulchor, verklungen war, verharrten hunderte von Menschen bewegungslos und schweigend im Gedenken an den Verstorbenen.

Erst als der Sarg, der über und über mit weißen Lilien bedeckt war, auf dem schwarz verkleideten Wagen an ihnen vorübergefahren wurde, setzten sich auch die Trauergäste langsam, in würdigem Abstand zu den Angehörigen, in Bewegung, um dem Sarg bis ans offene Grab zu folgen.

Die Glocken der nahestehenden Kirche begannen ganz zögernd zu läuten, als sich der Trauerzug in Bewegung setzte. Zuerst war die große dunkle Glocke zu hören, die langsam und eindringlich die Menschen daran erinnerte, dass diesen letzten Weg jeder einmal würde gehen müssen. Dann erst kamen die anderen Glocken dazu, und es schien, als wenn sie das düstere mahnende Dröhnen der großen Glocke übertönen wollten mit leichten freundlichen Stimmen, die verkündeten, dass der irdische Tod nicht endgültig sei, sondern lediglich der Eintritt in die geistige Welt.

Am offenen Grab, nachdem der Sarg feierlich hinabgelassen worden war, geschah etwas Unglaubliches, das diese Beerdigung unseres Lieblingslehrers unvergessen machte. Niemals, in meinem ganzen Leben nicht, werde ich diese Botschaft, die Drops uns aus seinem Grab heraus zum Trost geschickt hatte, vergessen. Dieses Gefühl von Verlust und Trauer, das mich und wohl alle Beerdigungsteilnehmer beschlichen hatte, sollte noch um ein Vielfaches gesteigert werden und noch einmal eine Flut von Tränen verursachen.

Es wurden keine Grabreden mehr gehalten, die ganze abschließende Zeremonie lief stumm und schweigend ab. Als der Sarg in die Gruft versenkt worden war, die Taue, die ihn in die Tiefe gelassen hatten, hochgezogen worden waren, trat noch einmal der Bestatter vor und las auf ausdrücklichen Wunsch von Drops einen kurzen Brief vor, den er geschrieben hatte, als er wusste, dass sein irdisches Leben bald enden würde. Er las also vor:

„Wenn ihr an mich denkt, seid nicht traurig. Erzählt lieber von mir und traut euch ruhig zu lachen. Lasst mir einen Platz zwischen euch, so wie ich ihn im Leben hatte. Als letztes Geschenk an euch singt jetzt Reinhard Mey mein Trostlied für euch! Und damit ihr es immer wieder hören könnt, schenke ich allen, die mich bis hierher begleitet haben, dieses Lied auf CD. Es ist ein Tisch beim Ausgang des Friedhofs aufgestellt, von dem jeder sich eine CD mitnehmen darf."

Der Bestatter schaltete nun die Lautsprecher ein und die wunderschöne weiche Stimme von Reinhard Mey tönte bis in den hintersten Winkel des Friedhofs.

„Abschied", dieses, so gefühlvoll gesungene Lied, das uns Drops noch aus seinem Grab heraus geschenkt hatte, riss nun endgültig alle Dämme der Beherrschung bei mir ein, und nicht nur bei mir. Ich glaube, dass alle, die bis dahin noch ihre Fassung gewahrt hatten, nun endgültig den Kampf gegen die aufsteigenden Tränen verloren hatten. Still und ergeben versanken die meisten in den

Wogen der Traurigkeit und jedem wurde in jenen Augenblicken erst richtig bewusst, was für ein außergewöhnlicher Mensch den Vorhang hinter sich geschlossen hatte.

Schweigend und ohne Hast löste sich nun die Menschenmenge auf dem Friedhof auf. Die vormals dicht an dicht stehenden Leute verteilten sich zusehends und man hatte den Eindruck, sie würden voreinander zurückweichen, so, als wollte man auf keinen Fall dem Nachbarn, dem Freund, dem Kollegen seine Ergriffenheit offenbaren. Der Eindruck des Zerfließens währte nur kurz. Fast unmerklich ordneten sich aber die noch Anwesenden, wie von Zauberhand gesteuert, erneut in kleinen Gruppen.

So fanden auch wir ehemaligen Schüler von Drops uns alsbald zusammen. Wir hatten einander erkannt und strebten nun aufeinander zu. Zuerst gab es nur ziemlich verhaltene Begrüßungen, weil der Eindruck der Trauerfeier und der Grabzeremonie noch in jedem von uns nachklang. Wir beschlossen gemeinsam, dass wir noch ein Lokal aufsuchen wollten, um unser Wiedersehen ein wenig zu feiern. Auch wenn der Anlass ein trauriger war, hielt uns das nicht davon ab, alte Erinnerungen und neue Ereignisse auszutauschen. Da wir den Friedhof nicht als geeigneten Ort für eine kleine Wiedersehensfeier betrachteten, beschlossen wir, die Eisdiele unten an der Hauptstraße mit unserer Anwesenheit zu beglücken. Wir waren letztendlich acht Personen und die Eisdiele war die einzige Lokalität in dem kleinen Ort, in dem Drops lebte und auch beerdigt wurde, die uns als Treffpunkt geeignet schien.

Es war also beschlossene Sache, dass wir uns dort zusammensetzen und ein wenig über die alten Zeiten und auch über die neuesten Ereignisse im Leben eines jeden Einzelnen plaudern wollten. Der Tag war sonnig und warm, wir würden sogar draußen sitzen können. Das Eiscafé lag zwar direkt an der Hauptstraße und zu allem Überfluss mündete auch noch eine Seitenstraße in diese Hauptstraße ein. Das kümmerte uns aber wenig, immerhin erschien der Aufenthalt im Freien verlockender als selbiger im Innenraum der Eisdiele. Da wir acht Leute waren und zusammensitzen wollten, reichte ein kleines Tischchen natürlich nicht aus. Die Kellnerin und der Inhaber des Eiscafés waren aber so nett und brachten extra für uns zwei größere Tische auf die Außenterrasse und stellten sie zusammen. So ergab diese Komposition ein Ensemble, an dem wir alle reichlich Platz hatten. Zur Straße hin waren die Außentische abgegrenzt mit einem weißen zierlichen, etwa 80 cm hohen Zaun aus Metallstäben, die oben in einer Art Pfeilspitze endeten.

Wir nahmen also Platz und die bedrückende Friedhofsstimmung verlor sich bald und schlug um in ein lustiges fröhliches Geplauder, das mehr als einmal von lautem Gelächter unterbrochen wurde. Vor allem nach dem zweiten und dritten Glas Prosecco hatte die Stimmung sich wieder weitgehend normalisiert, ja, mehr noch, sie gipfelte nun in kindlicher Albernheit und grundlosem Gekicher. Unser unbekümmertes Lachen und Scherzen steckte auch die Gäste an den Nachbartischen an. Die Serviererin hatte an diesem herrlich sonnigen Nachmittag sehr viel zu tun, denn auch andere Beerdigungsteilnehmer waren in der Eisdiele eingekehrt.

Die Kellnerin, eine bildhübsche junge Italienerin mit schwarzen Locken und warmen braunen Augen, huschte flink wie ein Wieselchen von Tisch zu Tisch, brachte hierhin einen Eisbecher und dahin einen Orangensaft und an unseren Tisch brachte sie Prosecco, Prosecco, Prosecco. Bald war kein Platz mehr auf dem Tisch, denn so flott, wie wir immer wieder Nachschub bestellten, so flott brachte unsere schwarzhaarige Schönheit auch die bestellten Getränke zu unserem Tisch. Es bleib ihr aber viel zu wenig Zeit, die benutzten Gläser auch wieder abzuräumen. Im Vorübereilen rief sie uns zu: „Metterò subito gli occhiali“, was wir so verstanden hatten, dass sie die Gläser später wegräumen würde. Uns war es egal, mit so vielen Gläsern Prosecco, die wir bereits getrunken hatten, störten uns die leeren hauchdünnen Sektgläser auf dem Tisch nicht mehr sonderlich und der Straßenverkehr auf der Hauptstraße wurde von uns gar nicht mehr bewusst wahrgenommen.

Ab und zu warf ich, mehr oder weniger zufällig, einen Blick über den weiß gestrichenen schmiedeeisernen Zaun, an den die Tische angelehnt waren. Die Staketen des Zaunes behinderten meine Sicht auf die Straße nicht, sie waren nur ca. 20 cm höher als die Tische. Ich saß am Kopfende unserer Tischkombination und hatte sowohl die

Hauptstraße als auch die darin einmündende Nebenstraße im Blick. Alles schien normal zu sein und ich lenkte meine Aufmerksamkeit wieder auf die fröhliche Runde, die ja eigentlich eine kleine Gedenkstunde für Drops sein sollte, die aber mittlerweile ausgeartet war zu einer lustigen Wiedersehensfeier ehemaliger Klassenkameraden.

Obwohl der Straßenverkehr normal und nicht sehr störend am Eiscafé vorbeifloss, befiel mich ein Gefühl von Unruhe und Beklemmung, so, als würde ich kommendes Unheil ahnen. Ein Geräusch war es, das dieses Gefühl in mir hervorgerufen hatte. Das Dröhnen, das sich anhörte wie das Brüllen eines Flugzeugtriebwerks, näherte sich rasch und im nächsten Moment kam auch schon das Fahrzeug in Sicht, das diesen Höllenlärm verursachte. Es war ein alter dunkelgrüner 911er Porsche, bei dem der Auspuff abmontiert worden war und der sich mit schwindelerregender Schnelligkeit der Kreuzung näherte. Am Steuer saß ein junger Mann, dessen grinsendes Gesicht sich unauslöschlich in meine Erinnerung eingebrannt hat, das ich jederzeit wiedererkennen werde. Selbst wenn 100 Jahre vergingen, dieses Gesicht werde ich nie, nie, nie vergessen. Neben ihm saß ein junges Mädchen, das diese Höllenfahrt im Porsche ebenfalls zu genießen schien. Auch ihr Gesicht kann ich vielleicht nie wieder vergessen.

Ich wollte die Augen schließen, denn unbewusst hatte ich die Radfahrerin wahrgenommen, die gerade aus der Seitenstraße kam und als Linksabbiegerin in die Hauptstraße einbog. Einem inneren Zwang folgend hielt ich die Augen dennoch offen und nahm die ganze Horrorszenerie, die sich nun abspielte, in allen grausamen Einzelheiten in mein Gedächtnis auf. Es gelingt mir bis heute nicht, diese Bilder verblassen zu lassen. Sie begleiten mich, ja sie verfolgen mich Tag für Tag, Nacht für Nacht.

Die Bikerin wurde von dem heranrasenden brüllenden Porsche, der ungebremst auf sie zuhielt, vom Rad geschleudert und wirbelte schreiend ca. 20 Meter durch die Luft auf die Terrasse des Eiscafés zu. Das arme Mädchen krachte unter den entsetzten Blicken der Gäste mit dem Gesicht nach unten mitten auf unseren Tisch, auf dem immer noch die geleerten Sektgläser standen. Ihre rechte Hand schnellte nach vorne und suchte nach einem Halt. Sie fand ihn auch in meinen Haaren. Sofort krallte sie sich fest und zog meinen Kopf beim Fallen mit auf den beladenen Tisch. Die Gläser zerbarsten unter ihrem Gewicht mit einem knirschenden Krachen. Ihre Schreie steigerten sich zu einem nicht mehr menschlich scheinenden Gebrüll, und sie klangen wie die Todesschreie eines sterbenden Tieres.

Endlich erlöste eine gnädige Bewusstlosigkeit das arme Mädchen von seinen Qualen. Ihre Stimme brach herab in ein gurgelndes keuchendes Röcheln, gefolgt von tödlicher Stille. Ihre rechte Hand, die sich immer noch krampfhaft in meinem Haar festgehalten hatte, entspannte sich, und ich konnte den Kopf wieder anheben.

Was ich sah, war unbeschreiblich. Blut, überall war Blut. Es tropfte vom Tisch auf den Boden, es tropfte auf meinen Rock, es lief an der Tischdecke hinab. Meine Hände waren voller Blut und als mein Blick die weißen Stäbe des schmiedeeisernen Zaunes streifte, erstarrte ich vor Entsetzen, denn zwei der pfeilartigen Spitzen hatten sich in ihren linken Oberschenkel gebohrt.

Es war jetzt totenstill auf der Terrasse. Ein Teil der Gäste hatte sich fluchtartig von diesem Ort des Horrors entfern. Die Dagebliebenen waren starr vor Grauen und die lähmende Stille wurde erst unterbrochen, als jemand leise fragte: „Ist sie tot?"

„Nein, so lange Blut fließt, lebt sie noch."

„Wir müssen sie umdrehen, damit sie atmen kann."

Wir konnten sie nicht umdrehen, keiner traute sich, ihr linkes Bein, das von zwei Stangen des Zaunes fast durchbohrt war, zu befreien. So drehten wir nur ihren Kopf zur Seite, damit sie ungehindert atmen konnte.

Der Anblick, der sich uns bot, ließ uns alle ein paar Schritte zurückweichen und die Umstehenden konnten Schreie des Entsetzens nicht mehr unterdrücken. Da war kein Gesicht mehr zu erkennen. Die berstenden Gläser hatten ihr Gesicht in eine blutende zerschnittene Masse verwandelt, in der nicht mehr zu erkennen war, wo Nase, Mund und Augen waren. Überall hatten sich Glassplitter in ihre Wangen, ihre Lippen, ihre Nase und in ihre Augen gebohrt.

Und hier muss ich unterbrechen, meine Augen sind ganz blind vor lauter Tränen, die ich einfach nicht unterdrücken kann, wenn ich an dieses Grauen denke.

Ich glaubte fest daran, dass die aufwühlenden Gefühle, die mich jedes Mal befielen wenn ich daran denken musste, mit der Zeit weniger schmerzen würden und dass die Horrorbilder verblassen würden. Nein, so ist es leider nicht. Alles ist wieder da, die Schreie in meinem Kopf, das Blut an meinen Händen, der grausame Anblick eines zerstörten Gesichts. Alles, alles, alles ist wieder lebendig und ich werde vor Gericht aussagen gegen dieses Ungeheuer, das all das Leid verursacht hat. Bei Gott, das werde ich. Ich will ihn bestraft wissen.

Er hielt nicht einmal an, sondern verlangsamte nur ganz kurz sein Tempo, bevor er sich mit quietschenden Reifen entfernte, so schnell, dass es mir gerade noch gelang, mir auch Teile des Nummernschildes zu merken.

Aber lassen Sie mir weitererzählen, ich habe mich wieder ein wenig beruhigt und kann weiterschreiben.

Das Mädchen lag in seinem Blut und wir fürchteten, dass sie diesen hohen Blutverlust nicht überleben würde. Wo blieb die

Rettung? Wo blieb der Notarzt? Eine gefühlte Ewigkeit verging, bevor wir die erlösenden Sirenen des Rettungswagens und der Polizei hörten.

Als Erster war der Notarzt bei dem geschundenen Opfer. Die Erleichterung bei uns Anwesenden war fast körperlich spürbar. Mit ruhiger sicherer Hand unternahm der die ersten Schritte zur Rettung der verletzten jungen Frau. Mittlerweile war auch die Polizei eingetroffen, dicht gefolgt von der Feuerwehr. Die Männer gingen sofort mit schwerem Gerät daran, die beiden Stäbe des Zaunes zu durchtrennen, damit das Mädchen geborgen werden konnte.

Als die Stäbe endlich durchtrennt waren, wurde sie vorsichtig auf die fahrbare Krankentrage gelegt, fixiert und in den Rettungswagen geschoben. Erleichterung stellte sich bei uns Zeugen ein, als die Türen geschlossen wurden und der Notarztwagen sich in Bewegung setzte, um sie in die Klinik zu bringen. Wir hofften inständig, dass sie diesen Horrorunfall überleben möge und dass sie auch wieder gesund werden würde.

Die Polizei nahm nun die Ermittlungen auf. Wir Zeugen wurden befragt, und ich konnte wertvolle Angaben zu dem flüchtigen Fahrer und seinem Fahrzeug machen. Wie ich später erfuhr, wurde er noch am gleichen Tag gefasst und vorübergehend festgenommen.

Ja, und nun stand ich da mit zitternden Händen und hielt meine Zeugenladung in Händen, die ich kaum lesen konnte, denn das Papier flatterte im Rhythmus des Zitterns meiner Hände vor meinen Augen.

VRENELI

Dance me to the end of love

Wie lange er schon auf der Gartenbank vor dem kleinen hölzernen Gartenhaus in seinem Garten gesessen hatte, wusste er nicht mehr. Es mussten schon viele Stunden sein, die er grübelnd und sinnend dort auf seinem Lieblingsplatz gesessen hatte, bevor dieser heiße Sommertag von einer kühleren Dämmerung abgelöst wurde.

Der Garten, der einmal sein eigener gewesen war, lag nun in einem merkwürdig gedämpften rotgoldenen Glanz, wie ihn nur die untergehende Sommersonne wenige Minuten lang hervorzaubern konnte, bevor die beginnende Dämmerung stetig, fast unmerklich, ihre dunklen Schatten Zentimeter um Zentimeter über den Garten schob und das Grün des Rasens und der Büsche langsam ergrauen ließ. Die Bäume im angrenzenden Obstgarten verschwanden langsam in der zunehmenden Dämmerung. Bald konnte man sie von der Bank aus, auf der er saß, nicht mehr sehen. Nur noch das Flüstern und Raunen ihrer Blätter war zu hören.

Ab und zu krächzte ein Rabe dazwischen, wohl nach einer Partnerin rufend, bald aber sein Gekrächze aufgebend, denn der Obstgarten war wohl der schlechteste Ort, um nach einer Partnerin zu rufen.

Wieso der Rabe sich gerade in diesem Obstgarten aufhielt, konnte niemand sagen, zumal Raben in hohen Bäumen wohnen und nicht in dicht belaubten niedrigen Obstbäumen.

Um den Genuss dieser wenigen Minuten voller überirdischer Farben, in die sein Garten getaucht wurde, erleben zu können, kam er jeden Abend, den langen Gartenweg schlurfend hinter sich lassend, zu jener Gartenbank, die wie ein Überbleibsel aus einer anderen Zeit vor dem Gartenhaus stand.

Hier hatte er oft gesessen mit Vreneli, mit seiner Vreneli, als sie noch gesund war, als sie noch lebte. Hier konnte er all die Erinnerungen hervorrufen, die in ihm waren und die die goldenen Farben des Gartens annahmen, während seine Augen das warme Goldlicht des nahenden Sonnenuntergangs schauten.

Gemeinsam hatten sie den Garten bestellt. Kartoffeln, Bohnen, Rotkohl und Spinat und viele andere Gemüse hatten sie angebaut, um ihre große Familie zu ernähren. Fleißige, geschickte Hände hatte sein Vreneli, und alles, was sie anfasste, gedieh prächtig. Liebevoll und mit Hingabe kümmerte sie sich um alles und um jeden. Fünf Töchter hatte sie ihm geboren und niemals wäre ihm in den Sinn gekommen, sich insgeheim einen Sohn zu wünschen. Es war gut so, wie es war.

Seine Töchter waren längst erwachsen und alle, bis auf eine, hatten das Nest nacheinander verlassen, das Nest, das Vreneli und er für sie gebaut hatten.

Als Vreneli erkrankte und ihr Lebenslicht langsam erlosch, bestand sie darauf, um ihn versorgt zu wissen, dass er der verbliebenen Tochter das Haus überschreibe. Das Haus, das sie beide mit eigenen Händen erbaut hatten, sollte für den Rest seines Lebens seine Heimat bleiben und so wurde die Tochter verpflichtet, den Vater im Hause zu behalten und ihn zu versorgen.

Nun lebte er bereits seit 17 Jahren in dem jetzt seiner Tochter gehörenden Haus. Hatte er anfangs noch etliche Räume zur Nutzung zur Verfügung, so war sein Lebensraum im Laufe dieser 17 Jahre eingeengt worden auf nur noch einen kleinen Raum, hoch oben im Dachgeschoss, spärlich möbliert und nur über eine schmale Stiege zu erreichen. Je größer die Familie seiner Tochter wurde, desto geringer wurde sein eigener Anspruch auf Lebensraum geachtet.

Er konnte die Bitterkeit über diese für ihn verletzende Entwicklung kaum verbergen und nach und nach entwickelte er sich zu einem griesgrämigen, nörgelnden alten Mann, den man am liebsten in seinem Dachstübchen eingesperrt hätte.

Die menschliche Nähe und Zuwendung, die ihm zu Teil wurde, beschränkte sich auf wenige Begegnungen, die eher zufällig geschahen, als dass sie gewollt herbeigeführt wurden. Seine Entscheidung, die Mahlzeiten alleine in seiner Dachkammer zu sich zu nehmen, nahmen die übrigen Mitglieder der Familie eher mit Erleichterung als mit Sorge auf.

So vereinsamte er immer mehr, teils durch eigenes Zutun, aber andernteils auch durch die Ignoranz der Menschen, mit denen er in einem Hause wohnte.

Er dachte immer wieder an Vreneli, die diese Entwicklung des Zusammenlebens mit der Tochter und deren Familien ganz gewiss nicht vorausahnen konnte. Hätte sie sonst darauf bestanden, dass seine Tochter über das Haus verfügen könne?

„Oh Vreneli, oh Vreneli“, seufzte er oft und schaute auf das große Foto, das an der Wand hing. Das einzige Bildnis, das er noch von ihr besaß und das er hütete wie einen unendlich kostbaren Schatz, zeigte Vreneli, wie er sie am liebsten anschauen mochte. Sie war so herrlich jung und unschuldig, aber aus ihren wasserblauen Augen, die von einer Helligkeit waren, wie er sie noch nie gesehen hatte, blitzte das aufkeimende Verlangen nach dem Leben in all seiner herrlichen Fülle.

Er würde ihr die Fülle des Lebens zeigen, dazu war er fest entschlossen. Ihr widerspenstiges blondes Haar hatte sie mit einem stahlblauen Band im Nacken zusammengebunden und die üppige Pracht somit in eine einzige Richtung gezwungen, die Richtung über ihren Rücken bis hin zur Taille. Ihre Taille war schmal und zierlich, dafür waren ihre Hüften umso breiter, was ihn aber nicht störte. Er liebte ihre ausladenden Formen, ihr drallen Schenkel, zwischen die er sich gar nicht oft genug drängen konnte, um dort die höchsten Wonnen zu erleben, die es zu erleben gab. Was für herrliche Stunden hatten sie beide miteinander verbracht. „Ach, Vreneli“, seufzte er oft.

Wieder und wieder wanderten seine Augen zu dem Bildnis. Wie wunderschön sie war in ihrem weißen Sommerkleid mit dem stahlblauen Schal, den sie wie einen Gürtel um ihre Taille gebunden hatte. Den Schal hatte er ihr als Geschenk mitgebracht, als er wegen einer wichtigen Angelegenheit in die Hauptstadt reisen musste. Er dachte, dass die stahlblaue Farbe gut zu ihrem blonden Haar passen würde.

Sie hatte den Schal sehr gerne entgegengenommen, aber zu seinem Schrecken teilte sie ihn sofort längs mit einer Schere in zwei Teile. Er war entsetzt. So gering schätzte sie sein Geschenk? Verwirrt senkte er den Kopf und konnte seine Enttäuschung nicht verbergen. Sie aber lachte ihn aus, drehte ihn ein paarmal um seine eigene Achse und stellte ihn mit dem Gesicht zur Wand mit dem Befehl, genauso stehen zu bleiben, bis sie ihm erlaubte, sich umzudrehen. Diese ihre Possen verwirrten ihn noch mehr, als er es ohnehin schon war. Er war kurz davor, zornig zu werden, als sie ihn aufforderte, sich umzudrehen.

Sofort hellte sich seine Miene auf, die Zornesfalte auf seiner Stirn glättete sich und er riss sie leidenschaftlich an sich, um sie mit Tausenden von Küssen zu übersäen. Sie hatte den zweigeteilten Schal so trefflich zu nutzen gewusst, dass er ihr sofort den zuvor vermeintlich begangenen Frevel verzieh. Einen Teil hatte sie sich wie eine Schärpe um die Taille gebunden und mit dem zweiten Teil hatte sie ihr langes blondes Haar im Nacken zusammengebunden.

So schaute er sie nun täglich an. Ihr Bildnis, das ihm von der Wand aus zulächelte und auf dem sie das weiße Sommerkleid trug, das sie mit der blauen Schärpe und dem blauen Haarband verschönert hatte, war seine einzige Freude geblieben, nachdem alle anderen ihn längst verlassen hatten. Wenn er sein Stübchen verließ, lächelte er ihr zu, seufzte ihren Namen, Vreneli, oh Vreneli, und wenn er wiederkam, tat er das Gleiche. So trug er ihr Bildnis im Herzen und überall, wohin er ging, nahm er sie mit.

Auch an jenem Abend, von dem ich hier berichte, trug er ihr Bild im Herzen.

Wie er so auf seiner Bank saß und die Abendstille genoss, war er ein wenig eingenickt und im Schlummer erschien ihm, wie so oft, sein Vreneli. Im Traum rief sie nach ihm, süß und lockend war ihre Stimme und die Sehnsucht nach ihr wurde ihm unerträglich, so unerträglich, dass er sie schmerzhaft im Herzen spürte. Davon wachte er auf und bemerkte, dass die graue Dämmerung nun in schwarze Nacht übergegangen war. Er wollte seinen schönen Traum festhalten, er streckte beide Arme aus, um ihn, den Süßen, der soeben wie ein zarter Schmetterling davonglitt, festzuhalten, aber so sehr er sich auch mühte, es gelang ihm nicht, auch nur ein winziges Fetzchen von seinem Traum zurückzuhalten. Es blieb ihm nichts anderes übrig, als den Traum verloren zu geben.

Tränen stiegen in seine Augen und liefen heiß und salzig über seine runzeligen Wangen, um in den Mundwinkeln hängen zu bleiben. Sollte er jetzt auch noch seine Träume verlieren? Nein, nein, das war zu viel, das konnte, das wollte er nicht mehr ertragen, und ganz verzagt und gequält rief er nach seiner Vreneli, immer und immer wieder rief er ihren Namen in die Nacht, ohne auf Antwort zu hoffen.

Wie er so da saß, unglücklich und geknickt, glaubte er plötzlich, nicht mehr alleine zu sein. Er rief fragend in den Garten, ob da jemand sei, aber nachdem niemand antwortete, war er überzeugt, dass er sich geirrt habe. Er lauschte wieder in die Nacht, aber außer den Stimmen der Nachttiere und dem Flüstern der Blätter in den Bäumen konnte er nichts hören. Wieder rief er bange und klagend nach seiner Vreneli.

Dann ließ er den Kopf sinken, sein Herz war so schwer, dass er es in jeder Faser seines Körpers spürte.

Plötzlich fuhr ein leichter Windhauch durch die Blätter, die ihr Flüstern sofort beschleunigten, und dieser Windhauch strich auch ihm über das graue alte Gesicht, auf dem noch die Hitze der Nachmittagssonne glühte.

Er schaute auf und sein Blick fiel auf die Bäume im Obstgarten, von wo dieser Windhauch gekommen war. Als seine Augen sich ein wenig an die Dunkelheit zwischen den Obstbäumen gewöhnt hatten, glaubte er eine helle Gestalt erkennen zu können, verwarf diesen Gedanken aber sofort wieder und schrieb diese Täuschung seinen alten Augen zu, die ihm hin und wieder Dinge vorgaukelten, die einer näheren Überprüfung nicht standhielten.

Wieder senkte er den Kopf und endlich entschloss er sich, ins Haus zu gehen und sich schlafen zu legen. Im Aufstehen schaute er noch einmal in den Obstgarten und dann schrie er auf: „Vreneli, Vreneli, Vreneli!"

Ja, da stand sein Vreneli zwischen den Obstbäumen im weißen Kleid mit einer stahlblauen Schärpe um die schmale Taille und das lange blonde Haar im Nacken mit einem blauen Band zusammengebunden. Vreneli lachte und winkte ihm zu, verführerisch und lockend stand sie da und ihre Hände winkten ihn heran.

Hastig setzte er nun einen Fuß vor den anderen, aber die alten Beine konnten den vorauseilenden Gedanken nicht mehr folgen, und er stolperte über seine ungelenken Füße und fiel rückwärts ins Gras.

Vreneli, die bis dahin ruhig stehen geblieben war, eilte zu ihm und küsste ihn leidenschaftlich auf den Mund. Er schlang seine

Arme und Hände um ihre Taille und hielt sie fest, so fest er nur konnte. Sanft hob sie ihn auf und trug ihn zu der kleinen Lichtung, wo sie ihn wieder absetzte.

Mittlerweile war hier eine große Veränderung vor sich gegangen, ringsum an den Bäumen hingen Laternen, die die Lichtung in ein unwirklich schönes Licht tauchten, und auf den Bäumen saßen Musiker, die nicht größer waren als Kindergartenkinder und auf putzig kleinen Instrumenten gerade eine engelhafte Melodie anstimmten.

Vreneli nahm ihn bei der Hand und zog ihn auf die zauberhaft illuminierte Lichtung. Er wunderte sich über alles, was er sah, aber er zögerte nicht, es als normal zu betrachten. Er war bei seiner Vreneli und ließ sich willig von ihr führen. Langsam begann sie, sich zum Takt der Musik zu wiegen, und sogleich folgte er ihr. Er, der nie in seinem Leben getanzt hatte, drehte sich nun mit ihr im Tanz, leicht wie ein Federchen im Wind, und die Sänger in den Bäumen sangen:

„Dreht euch, dreht euch
Euch gehört ihr nun ganz
Dreht euch im Hochzeitstanz“

So tanzte er mit seiner Vreneli die ganze Nacht, ohne dass er müde wurde, ohne dass seine Beine schmerzten, ohne dass sein Herz wie wild pochte, alles war nur noch Glückseligkeit.

Als die Sonne mit ihren ersten zaghaften Strahlen den kommenden Tag ankündigte, war das Fest zu Ende, die Lampions erloschen, die Musiker packten ihre Instrumente ein und er und Vreneli verließen den Obstgarten. Außer dem heruntergetretenen Gras verriet nichts mehr das vergangene Fest.

Im Haus hatte man ihn mittlerweile vermisst und seine Tochter und ihr ältester Sohn suchten den Garten nach ihm ab. Sie riefen seinen Namen, bekamen aber keine Antwort.

Gefunden haben sie ihn dann doch.

Er lag im Obstgarten auf dem Rücken, ein Auge stand weit offen und starrte in den Himmel, das andere Auge war geschlossen. Eine Schnecke war über das Augenlid gekrochen, hatte es beim Kriechen geschlossen und verharrte dann auf dem geschlossenen Auge, wo sie sich immer noch befand, als er gefunden wurde. In der Hand hielt er einen stahlblauen Schal. Die Hand hatte sich so krampfhaft um den Schal geschlossen, dass es niemandem gelang, ihn daraus zu entfernen.

„Alter Narr“, sagte seine Tochter, „was hat er auch nachts im Obstgarten zu suchen? Kein Wunder, dass er sich den Hals gebrochen hat.“

Der kühle Morgenwind brachte eine wundersame Melodie mit für alle Liebenden in diesem Garten.

Dance me to the end of love

Wenn ein Baby stirbt

Der Tod vor der Geburt

Es ist eine der größten Katastrophen, von der eine Familie getroffen werden kann, wenn ein Baby stirbt, bevor es in diese wunderschöne Welt eintreten konnte. Mit welcher Freude ist es erwartet worden, mit welcher Liebe und Fürsorge ist sein Werden begleitet worden, nichts ist versäumt worden und alle, die erfahren haben, dass sich ein neues Menschlein auf den Weg ins Leben begeben hat, freuten sich auf sein Kommen.

Eine Frau und ein Mann sahen sich plötzlich mit dem Prädikat „Eltern“ ausgezeichnet. Die Eltern der Eltern fanden sich auch von einem Tag auf den anderen mit dem veränderten Status „Großeltern“ wieder. Aus Brüdern und Schwestern der werdenden Eltern wurden Onkel und Tanten. Alle freuten sich auf das Baby und waren einstimmig der Meinung, dass die Welt doch nicht im Chaos versinken wird, solange man mit großer Freude ein neues Familienmitglied in die Gemeinschaft aufnehmen kann.

Jäh wurde diese freudige Erwartung unterbrochen, als die Mutter über Beschwerden klagte und ihren Gynäkologen aufsuchte, um feststellen zu lassen, dass es dem Baby gut geht.

Es war eine trügerische Zuversicht, der die ganze Familie sich hingegeben hatte. Jeder versicherte zaghaft dem anderen, dass es sich gewiss nur um eine vorübergehende Unpässlichkeit handeln und dass das Baby bald gesund und munter zur Welt kommen würde. Wie sehr sollten sie alle sich getäuscht haben. Aber ganz tief im Inneren eines jeden hatte sich schon gleich ein Schatten der Angst über die Zuversicht gelegt, und die grausame Wirklichkeit übertraf die schlimmen Befürchtungen noch um ein Vielfaches.

Das Baby war tot – gestorben in der 23. Woche im vermeintlich sichersten Ort der Welt – im Schoß seiner Mutter.

Die Mutter wurde umgehend in eine Klinik eingewiesen und die Geburt wurde künstlich eingeleitet. So wurde ein kleines Mädchen still geboren. Es tat keinen ersten Atemzug, es war kein erster Schrei zu hören, es war im wahrsten Sinne des Wortes totenstill. Zu hören waren nur das Weinen der Mutter und das Schluchzen des Vaters. Beide hielten sich fest umarmt um einander beizustehen im größten Schmerz, der ihnen jemals widerfahren war.

Nachdem die Hebamme das Kind gebadet und angezogen hatte, legte sie es – in eine bunte Decke gehüllt, so als müsse es vor Kälte geschützt werden – in die Arme seiner Mutter. War diese anfangs noch etwas ängstlich, löste sich ihre Hemmung bald, und sie herzte und küsste es genauso, als ob es leben würde. Auch der Vater hielt seine winzig kleine Tochter schützend im Arm, strich ihr zärtlich über das Köpfchen und streichelte sanft ihre Wangen. Er schaute sein kleines Mädelchen lange an und nahm es voller Liebe in sein Herz auf, in dem es einen Platz für immer hatte.

Winters Traum

Viel zu schnell war der Winter gekommen, alle waren überrascht, dass er gerade heute so flink die Treppe hinauf zu unserer Kanzlei lief. Ahnte er, was wir vorhatten, oder hatten wir nur den ungünstigsten Tag erwischt, um ihm unsere Überraschung zu präsentieren? Nun hieß es „improvisieren“, um unsere Idee doch noch in die Tat umsetzen zu können.

Ja, wir haben ihn im Kollegenkreis stets nur „Der Winter“ genannt, weil er immer so frostig dreingeschaut hat. Er hieß in Wirklichkeit Dr. Severin Winter und er war unser Seniorchef und frostig war nur der Blick aus seinen hellblauen Augen, ansonsten war er ein sehr herzlicher und freundlicher Chef. Aber seine blauen Augen verliehen ihm einen eher stechenden als freundlichen Blick. Nie mehr in meinem ganzen langen Leben habe ich solch ein helles Blau in den Augen eines Menschen gesehen. Mit solch wasserblauen Augen hatte ich bisher nur sibirische Huskys gesehen.

Nun näherte er sich langsam dem Alter, in dem man schon mal an den Ruhestand denkt.

Hm, Ruhestand war bei Winter nur sehr schwer vorstellbar. So sportlich und energiegeladen, wie er war, mussten wir Angestellten immer schmunzeln, wenn er davon sprach, bald die Kanzlei an seine beiden Nachfolger übergeben zu wollen. Jedes Mal, wenn er darüber sprach, sich zur Ruhe setzen zu wollen, erntete er schallendes Gelächter.

Jeden Morgen lief Winter in aller Herrgottsfrühe mindestens fünf Kilometer weit und anschließend schwang er sich auf sein Rennrad und fuhr in Windeseile bis zu unserer Kanzlei. Ja, ich sage mit Absicht „unsere" Kanzlei, weil wir Angestellten uns hier zu Hause fühlten und sehr, sehr gerne für Winter arbeiteten.

Die Büroräume befanden sich im vierten Stock und auch diese Treppen lief er hinauf, als wäre er 20 und keine 68 Jahre alt. Neben der Kanzlei hatte er ein kleines Appartement gemietet. Dort legte er seine Sportkleidung ab, stieg unter die Dusche und kleidete sich anschließend standesgemäß mit dunklem

Anzug und weißem Hemd. Als Krawatte trug er seit Jahren immer das gleiche Muster, nämlich Huskys auf weißem Grund.

Er wurde ja immer wieder auf seine blauen Augen angesprochen und im Laufe der Jahre verliebte er sich regelrecht in Huskys. Er bedauerte immer sehr, dass er keinen Hund halten konnte, weil sich Hundehaltung einfach nicht mit seiner Tätigkeit als Anwalt vereinbaren ließ. Jetzt aber, da er seinen Rückzug aus der Kanzlei angekündigt hatte, rückte die Erfüllung seines Traumes in greifbare Nähe.

Nun, ihr ahnt schon, was jetzt kommt.

Ja, wir Mitarbeiter in der Kanzlei hatten zusammengelegt, um ihm zum Abschied einen Huskywelpen zu schenken. Nein, billig war das kleine Kerlchen nicht, aber wir hatten letztendlich doch so viel Geld zusammenbekommen, dass wir das Hundebaby kaufen konnten.

Kunze, unser Büroleiter, hatte den Welpen ausgesucht. Weil er ein leidenschaftlicher Hundehalter war und sich auch mit jungen Hunden gut auskannte, war die Wahl natürlich auf ihn gefallen.

Ja, und heute sollte der Tag der Überraschung sein, und nun war der Winter schon auf der Treppe und das kleine Hundchen war noch nicht „verpackt“. Er saß noch in seiner Transportbox, sollte aber in einem großen Pappkarton mit Schleife seinem künftigen Gefährten, dem Winter, übergeben werden.

Wir mussten den Winter irgendwie aufhalten. Aber wie? Nachdem er zum Umziehen in seinem kleinen Appartement verschwunden war, beschlossen wir „Mädels“, dass wir ihn an der Tür abfangen und ihm „versehentlich“ Kaffee über die Hose gießen wollten. Ja, das war fies, ich weiß, aber hättet ihr eine bessere Idee gehabt? Na also!

Als die Tür zum Vorzimmer aufging und der Winter eintrat, sprang meine Kollegin, die ihre Tür am nächsten zu seinem Arbeitsplatz hatte, auf und goss den Kaffee über seine Hose.

Ja, so war es geplant und so hätte es auch laufen sollen. Aber es kam anders. Meine Kollegin, die alles perfekt machen wollte, stolperte im Übereifer und fiel mit samt dem Kaffee direkt vor Winters Füße. Seine Hose hatte nicht einen einzigen Tropfen abbekommen. Der ganze Kaffeesegen ergoss sich über den Teppich und versiegte knapp vor Winters Schuhen. Oh Schreck, Winter verlor einen Augenblick lang die Fassung, aber dann half er meiner Kollegin auf die Beine und gerade, als sie sich entschuldigen wollte, brach im Chefzimmer ein Getöse los, das unbeschreiblich war.

Ein wahnsinniges lautes Geheul war zu hören, so als ob jemand in höchster Todesnot schreien würde. Winter riss die Tür zu seinem Büro auf und was er sah, ließ ihm fast das Blut in den Adern gefrieren. Die bodenlange Gardine war heruntergerissen und irgendetwas Schreiendes Lebendiges hatte sich darin verfangen und raste nun gefangen und eingewickelt durchs Büro. Der lange schwere Vorhang verfing sich dabei unglücklicherweise auch noch in der Zimmerpalme, die prompt umfiel und das Aquarium mit sich zu Boden riss. Jetzt schrie nicht nur das lebendige Etwas in der Gardine, sondern alle Anwesenden, und das war unser gesamtes Personal, schrien wild durcheinander. Winter stand fassungslos in der Tür und konnte nicht glauben, was er sah.

Mittlerweile hatte das lebendige Etwas, der kleine Husky, sich aus der Gardine befreit und Schutz in einer Kiste in einem Regal gesucht. Er hatte jetzt aufgehört zu schreien und beobachtet die Szene aus seinem vermeintlich sicheren Versteck.

Als Winter endlich die Situation erfasste, begann er schallend zu lachen und wandte sich dem zitternden Bündel in der Kiste zu. Vorsichtig nahm er das kleine Kerlchen in die Arme und begann beruhigend auf den kleinen verschüchterten Hund einzureden.

Ja, es sah so, aus als ob er seinen „Retter" verstehen würde. Zusehends beruhigte er sich und als Zeichen seiner „Zuneigung" hinterließ er nun noch ein Pfützchen auf Winters Hose. Na gut, wenn das mit dem Kaffee auch nicht geklappt hatte, so war die Hose jetzt doch nass geworden. Der Pfützchenverursacher hatte ganze Arbeit geleistet und so war die innige Freundschaft zwischen den beiden auch gebührend begossen und besiegelt worden.

Wie es weiterging mit den beiden?

Winter nannte ihn Askan und die beiden wurden richtig, richtig gute Freunde, die niemals ohne einander waren. Vierzehn lange Jahre hielt ein starkes Band der Liebe Winter und Askan zusammen. Diese Band löste sich erst, als Askans Lebenslicht im Alter von fast 15 Jahren erlosch.

Der Dippenmann

Das Geräusch ließ sie aufhorchen, woher kannte sie es so gut?

Nun, es hallte ihr im Ohr seit vielen Jahren schon. Es war laute Marschmusik, die zunächst von Ferne klang, die aber immer näher kam, um dann zu einem tönenden krönenden Abschluss zu gelangen und ganz plötzlich zu verstummen. Es war der „Dippenmann" (ein fahrender Topfhändler), der mit seinem rollenden Wagen unter lautem Getöse in Form von schallender Marschmusik in das kleine Dorf einfuhr, um seine Haushaltswaren anzubieten.

Niemand im Dorf wusste genau, wann der „Dippenmann" wieder den Ort mit seiner Marschmusik beglücken würde. Hatte das Dörfchen vorher einen stillen, ja fast schläfrigen Eindruck gemacht, so begann jetzt ein eifriges geschäftiges Treiben. Kaum hatten die ersten Takte eines flotten Militärmarsches den riesigen Schalltrichter verlassen, horchte alles Lebendige im Örtchen auf die flotte Musik aus dem vorsintflutlichen Lärmerzeuger, den der Dippenmann auf seinem ebenfalls vorsintflutlich anmutenden

Lastwagen montiert hatte. Die Hunde unseres Dörfchens stimmten sofort ein ohrenbetäubendes Gebell an und sie grölten mit dem Lautsprecher um die Wette.

In den Küchen nahmen die Hausfrauen eilig die Kochtöpfe vom Herd, damit nichts anbrennen konnte, die Bügeleisen wurden zur Seite gestellt, damit es keine Brandflecken auf der Bügelwäsche gab, die Teppichklopfer beendeten abrupt ihre rhythmische Schlagfrequenz, die handbetriebenen Nähmaschinen stellten ihr monotones Klack-klack-klack-klack ein und so verstummten in allen Häusern die sonst um diese Zeit so typischen Geräusche.

Die Hausfrauen in ihren bunten Kittelschürzen wuschen sich schnell noch mit nassen Lappen – die meistens auch noch als Spüllappen genutzt wurden – durchs Gesicht und fuhren sich mit groben Kämmen flüchtig durchs Haar, Kämme, bei denen der ein oder andere schon einige Zähne verloren hatte, aber für den Hausgebrauch waren sie halt doch noch gut zu gebrauchen.

So präpariert eilten sie zum „Dippenmann“ hin, nachdem sie noch einmal einen Blick in den Spiegel geworfen hatten. Schließlich wollte man sich dem weit gereisten Mann, der so manche lustige Geschichte aus den Nachbardörfern erzählen konnte, ordentlich präsentieren.

Die Jüngeren unter ihnen waren natürlich als Erste am Verkaufswagen und wurden vom Dippenmann herzlich mit dem Ruf „Kommt her, ihr Schätzelein“ begrüßt. Sie waren zwar etwas verlegen ob dieser verbalen Liebkosung, aber sie genossen es trotzdem, dass sie „Schätzelein“ genannt wurden.

Die zweite Welle waren die Frauen mittleren Alters und sie wurden höflich und sehr förmlich willkommen geheißen. Der Dippenmann redete sie mit „gnädige Frau“ an und deutete sogar einen Handkuss an, womit die Damen sich wirklich geehrt fühlten.

Die Nachhut bildeten dann die alten Frauen. Es waren nur wenige und die Wenigen waren nicht mehr so gut zu Fuß und machten einen ziemlich erschöpften Eindruck, wenn sie beim Verkaufswagen angelangt waren.

Aber unser Dippenmann kannte seine Kundinnen und wusste um deren Probleme beim Laufen. Es waren immer zwei alte weißhaarige Frauen, die sich einen Besuch beim Dippenmann um kein Geld der Welt entgehen lassen wollten. Stets ging er ihnen entgegen, begrüßte sie mit den Worten: „Na, meine lieben Omas, wie geht es euch denn? Ihr seht heute mal wieder besonders gut aus“, und bot ihnen dann seine beiden Arme zum Unterhaken an. Aber damit nicht genug, er hatte auch zwei Hocker mit auf seinem Wagen, die er den alten Frauen bereits zum Ausruhen hingestellt hatte. Und wenn drei Omas gekommen waren, dann musste eine von ihnen auf dem Trittbrett seines Autos Platz nehmen, meistens war es die, die am wenigsten hinkte, weil ihre Arthrose noch nicht so weit fortgeschritten war.

Dann begann das große Spektakel. Der Dippenmann entfernte die Plane und die Frauen konnten nun alle Waren eingehend in Augenschein nehmen. Da wurde jedes einzelne Stück sorgfältig geprüft, ob es auch den Zweck erfüllen würde, für den es gedacht war. Kaffeetassen wurden daraufhin untersucht, ob der Henkel auch an der richtigen Stelle angebracht war, die Milchkannen wurden auf ihr Gewicht hin getestet, die Töpfe wurden kontrolliert, ob die Deckel auch richtig passten, bei Besen und Handfegern prüfte man die Festigkeit der Borsten und so hatte jede ein anderes Kriterium, auf das sie ganz besonders viel Wert legte. Alles verlief zwar lebhaft und laut und jemand, der die Dörflerinnen nicht kannte, hätte meinen können, hier würde mit harten Bandagen gekämpft. Man war zwar laut und schrill, aber trotzdem gab es keinen Disput und keinen Streit. Lediglich das Überprüfen der Küchenmesser ging manchmal nicht ganz unblutig vonstatten, jedoch waren schlimme Verletzungen nie zu beklagen.

So nach und nach hatte dann jede der Hausfrauen gefunden, was sie benötigte, und es ging ans Bezahlen. Hier kamen dann wieder die Talente des Dippenmanns ins Spiel. Er hatte ein phänomenales Gedächtnis und war ein Meister im Kopfrechnen, so schnell und vor allem richtig konnte kein anderer rechnen. Bis heute ist mir niemand begegnet, der so schnell und so sicher im Kopfrechnen war. Ebenso konnte er sich mit traumhafter Sicherheit erinnern, was die Frau, mit der er gerade den Bezahlvorgang abschloss, im Jahr zuvor von ihm gekauft hatte. Das brachte ihm dann natürlich jede Menge

Bewunderung ein und diese Lobeshymnen, die auf ihn gesungen wurden, genoss er sichtlich mit Dankbarkeit.

Zum Schluss musste aber unbedingt noch das Ritual vollzogen werden. Ohne das Ritual zu vollziehen, würde er nicht weiterreisen können. Und dieses Ritual bestand aus zwei Tafeln Schokolade, die er verschenkte. Um niemandem wehzutun, hatte er sich eine tolle Strategie ausgedacht, die er jedes Jahr änderte, damit niemand im Voraus wissen konnte, wer denn die beiden Glücklichen sein würden, an die er die Schokolade verschenken würde.

Einmal waren es die Älteste und die Jüngste des Dorfes, ein anderes Mal war es diejenige, die als Nächstes Geburtstag haben würde, und die Zweite war diejenige, die gerade erst Geburtstag hatte, und so ließ er sich jedes Jahr ein anderes Auswahlkriterium einfallen.

Es ging dabei lustig zu, bevor man herausgefunden hatte, wer denn nun die beiden Glücklichen waren, die eine Tafel Schokolade bekommen würden.

Langsam löste sich dann die Ansammlung der Dorfhausfrauen auf.

Der Dippenmann wurde mit guten Wünschen und herzlichem Winken auf seinen weiteren Weg geschickt und manche steckte ihm ein Päckchen mit geräuchertem Speck oder frisch gebackenem Kuchen oder sonst einer Leckerei unter die bereits heruntergelassene Plane, während der klapperige Lastwagen sich bereits langsam in Bewegung setzte.

Die Frauen begutachteten noch einmal eingehend die beim Dippenmann erstandenen Artikel und wandten sich wieder der unterbrochenen Hausarbeit zu.

Im Dorf kehrte wieder Ruhe ein bis zum nächsten Mal, wenn der Dippenmann wieder zu lauter Marschmusik im Örtchen einfahren würde.

Fliegen ist schön – wenn man ein Vogel ist

Es war nicht einfach und sollte noch um einiges schwerer werden, als er da oben stand, schlotternd, zitternd, kreidebleich. Wie konnte er sich nur auf solch einen Irrsinn einlassen?

Aber wir wollen die Geschichte ja nicht vom Ende her erzählen, sondern – wie es allgemein üblich ist – von Anfang an.

Es war einmal ... ja, so fangen alle Märchen an, aber das, was ich hier erzählen will, ist kein Märchen, sondern hat sich genauso ereignet, wie ich es hier berichte.

… Also gut, da meine Geschichte kein Märchen ist, fange ich auch nicht mit „Es war einmal" an. Das ganze Drama begann zur Zeit der größten Hitze im letzten Sommer. Robert, um den es hier geht, feierte seinen fünfundzwanzigsten Geburtstag zusammen mit seinen Kumpels draußen im Wald am Bach. Roberts Mama hatte einen großen Topf Kartoffelsalat gestiftet und Roberts Papa hatte einen Kasten Bier im kühlen Bachwasser versenkt. Gute Laune brauchte niemand zu stiften, denn die war immer im

Überfluss vorhanden, wenn die Freunde sich trafen, um „abzufeiern“.

Lustig ging es zu im Freundeskreis und ihr Lachen und Lärmen war bis in die tiefe Nacht zu hören. Auch die vielen Bierchen, die durch die durstigen Kehlen geflossen waren, leisteten ihren Beitrag zum Gelingen dieser feucht-fröhlichen Geburtstagsparty. Zu vorgerückter Stunde hatte einer der Jungs eine grandiose Idee. Einer von ihnen sollte am morgigen Sonntag seinen Mut beweisen und von einem 60 Meter hohen Kran in die Tiefe springen.

… Nein, nein, nicht einfach so, sondern abgesichert, an einem Gummiseil hängend. Bungee Jumping, ja, das war es, was man ausgeheckt hatte. Alle grölten ihre Zustimmung und Begeisterung für den Vorschlag lautstark in die Nacht hinaus. Jetzt musste nur noch geklärt werden, wem die Ehre zufallen sollte, seinen Mut vor den Freunden und vor einer Menge Zuschauern zu beweisen. Oh, da wurde der Radau plötzlich sehr viel leiser und keiner wollte freiwillig derjenige sein, der den Sprung in die Tiefe wagen wollte. Schon wollte man den Plan verwerfen, da kam einer der Kumpels auf die glorreiche Idee, dass man ja ausknobeln könne, wer der „Glückliche“ sein sollte. Gesagt – getan, damit waren alle einverstanden, aber jeder hoffte ganz insgeheim, dass er nicht das kürzeste Hölzchen ziehen würde und dass ihm der Sprung in die Tiefe erspart bleiben würde.

… Mit viel Gelächter ging es nun ans Knobeln und was glaubt ihr, wer gewonnen bzw. verloren hat? Ja, klar, es war Robert, das Geburtstagskind, das den „Kürzesten“ gezogen hatte, im wahrsten Sinn des Wortes. Robert hielt das kürzeste Hölzchen in Händen. Nein, er war darüber gar nicht froh, denn er litt seit seiner Kindheit unter Höhenangst, was aber keiner seiner Freunde wusste. Mit einem Schlag war seine gute Laune dahin und er sah sich einer Situation gegenüber, die alles andere als lustig war. Was sollte er tun? Er hatte sich auf dieses Knobelspiel mit eingelassen und nun hatte er das Gefühl, nicht mehr zurückzukönnen.

Das war nicht einfach und es sollte noch um einiges schwerer werden.

Am nächsten Tag traf man sich also auf dem Platz, auf dem der Autokran fürs Bungee-Springen schon bereitstand. Robert hatte kein gutes Gefühl, als er die Höhe des ausgefahrenen Kranarmes sah. Er spürte förmlich, wie die Angst langsam in ihm hochkroch. Er wünschte sich weit, weit weg, aber es kam keine gute Fee, die ihn aus der „Gefahrenzone“ hätte erlösen können. Wenn er nicht als Feigling und Drückeberger dastehen wollte, musste er sich wohl oder übel in sein Schicksal ergeben. Geboren aus einer bierseligen Idee heraus war er dazu „verurteilt“, nun über sich selbst hinauszuwachsen und den Sprung in die Tiefe zu wagen.

Widerstandslos ließ er sich die Sicherheitshose anlegen und das Gummiseil an den Beinen befestigen. Vorher musste er noch eine Unterschrift leisten auf einem Formular, auf dem er versicherte, dass er gesund war und dass keinerlei Einschränkungen gegen einen Sprung aus 60 Metern Höhe sprechen würden. Ohne so richtig zu wissen, was er da unterschrieb, setzte er seinen Namen darunter. Wie betäubt ließ er sich nun zu dem Korb begleiten, der ihn nach oben an die Spitze des 60-Meter-Krans bringen würde. Sein Begleiter stieg mit in den Korb hinein und redete beruhigend auf ihn ein.

Robert klammerte sich am Rand des Korbes fest, als dieser sich langsam in Bewegung setzte und ihn Meter für Meter nach oben trug.

Oben angekommen hielt der Transportkorb ruckartig an und als Robert einen Blick nach unten warf, sah er sich schon zerschmettert am Boden liegen. Schlotternd, zitternd, kreidebleich wagte er es nicht, seine Hände vom Geländer wegzunehmen ... Sein Begleiter öffnete die Verriegelung der Sicherheitsstange und wies Robert an, die Hände über den Kopf zu nehmen und einen Schritt nach vorne zu machen. Wie in Trance folgte Robert den Anweisungen, obwohl alles in ihm um Hilfe schrie. Er stand da, erstarrt, halb gelähmt, und dann hörte er den Begleiter zählen: „5 – 4 – 3 – 2 – 1. Uuund lass dich nach vorne fallen."

Wie einer höheren Macht gehorchend neigte sich Robert nach vorne und fiel und fiel und fiel, dann wurde er wieder nach oben gerissen und er fiel wieder und fiel und … das war das Letzte, was er noch fühlte, bevor er die Besinnung verlor, fallen, und dieses Gefühl des Fallens ließ ihn sein ganzes Leben lang nicht mehr los.

… Die Freunde, die seinen Sprung beobachtet hatten, jubelten ihm zu, aber dieser Jubel brach abrupt ab, als sie sahen, dass Robert nicht mehr bei Bewusstsein war, dass er wie eine Schlenkerpuppe willenlos und haltlos hin und her geschleudert wurde. Es schien eine Ewigkeit zu dauern, bis das Gummiseil dieses Auf und Ab beendet hatte.

Sofort waren nun Helfer zur Stelle, die Robert aus seiner hilflosen Lage befreiten. Die schrillen Töne des Martinshorns kündigten das Nahen von Notarzt und Krankenwagen an und die besorgte Anspannung der Freunde ließ etwas nach, nachdem der Notarzt Robert versorgt hatte und er ins nächste Krankenhaus gebracht wurde.

Nun sei noch anzumerken, dass Robert keinen körperlichen Schaden erlitten hatte, aber das Gefühl des Fallens ließ ihn nicht mehr los. Es begleitete ihn auf Schritt und Tritt und er konnte nie sicher sein, wann dieses Gefühl ihn wieder anspringen würde mit Herzklopfen, Schweißausbrüchen und lähmenden Angstgefühlen.

Katzen haben sieben Leben! Wirklich?

So hört man es immer wieder. Aber stimmt das auch?

… Gehen wir der Sache doch mal auf den Grund. Nehmen wir zum Beispiel die Familie Hofmann, Vater, Mutter und zwei Kinder, ein Junge, zwölf Jahre alt, und ein Mädchen, zehn Jahre alt. Nun werfen wir mal gemeinsam einen Blick in ihr alltägliches Familienleben. Pssst, leise, damit sie uns nicht bemerken. Wir sind sozusagen Spione, die zwar aus der virtuellen Welt kommen, die man aber trotzdem nicht gerne im Haus hat.

Hofmanns lebten in einer Sackgasse. Ihr gemütliches Einfamilienhaus wurde an einem Hang gebaut, der nach hinten abfällt. Das bedeutet, dass das Kellergeschoss im vorderen Bereich des Hauses halb in der Erde steckt, wie fast jeder Keller. Zur Gartenseite hin war der hintere Bereich allerdings frei und konnte als Wohnraum genutzt werden. Der große helle Raum wurde oft in einen Partyraum verwandelt, vor allem in der kalten Jahreszeit. Die Kinder feierten ihre Geburtstage dort und auch die Erwachsenen schätzten diesen Raum, der von so manch feucht-fröhlicher Party erzählen könnte. Eine stabile Holztür führte auf eine große Terrasse, die im Sommer oft und gerne für romantische Gartenfeste mit Freunden und Nachbarn genutzt wurde. In die Holztür war eine Katzenklappe eingelassen, die uns zunächst gar nicht aufgefallen war und die später eine wichtige Rolle spielen würde. Bei unserem kurzen Rundgang durchs Domizil der Hofmanns sprach alles dafür, dass hier eine glückliche Familie lebte. In bestem Einklang mit Nachbarn und Freunden fehlte es diesem Familienleben allerdings aber auch nicht an Höhen und Tiefen. Davon wollen wir nun berichten.

Wie bekannt gehörten zur Familie: der Vater, die Mutter, der Junge und das Mädchen. Doch halt, war da nicht noch jemand? Ach ja, die Katzenklappe, die uns nur am Rande unseres Rundgangs durchs Haus aufgefallen war, verriet, dass auch eine Katze dem Familienverband angehörte. Wo war sie? Hm, die Katzenklappe signalisierte, dass es eine Freigängerin sein müsse. Ja, natürlich, wozu würde man denn sonst eine Katzenklappe brauchen? Kaum gedacht, huschte besagter Stubentiger die Treppe vom Kellergeschoss zum Erdgeschoss hinauf. Wow, schwarz, pechkohlrabenschwarz mit grünen wachsamen Augen huschte sie vorbei. Mohrchen, sie hieß Mohrchen. Ja, wie sollte sie auch sonst heißen? So schwarz, wie sie war, war das der passende Namen für Familienmitglied Nr. 5.

… Die Kinder liebten das Mohrchen und das Kätzchen schien auch die Kinder zu mögen. Sie spielte und schmuste mit ihnen und machte hin und wieder drollige Possen. Damit brachte es mehr als einmal die ganze Familie zum Lachen. Manchmal raufte der kleine schwarze Panther auch mit den Kindern, aber immer ohne die messerscharfen Krallen zu benutzen. Es war alles gut so, wie es war.

Kleine Wermutstropfen trübten nur ab und zu das friedliche Miteinander. Die Mutter musste manchmal mit Mohrchen schimpfen, wenn sie dabei erwischt wurde, dass sie wieder mal versuchte, ihre Krallen an der Couch oder an einem Sessel zu schärfen. Mohrchen, die laute scharfe Stimmen hasste, suchte dann sofort das Weite und ließ sich daraufhin stundenlang nicht mehr blicken. Gerade heute war es mal wieder so weit.

Mohrchen kratzte an der Tapete, was ihr ein grollendes Donnerwetter einbrachte. Mutter hatte die Fassung verloren, denn Kratzen an der Tapete war eine absolute Todsünde. Lauter als sonst machte sie ihrem Ärger Luft und jagte die Übeltäterin mit deftigem Geschimpfe die Treppe zum Untergeschoss hinunter. Mutter war so verärgert, dass sie die Zwischentür, die die Diele zur abwärtsführenden Treppe hin abschloss, knallend zuwarf. Diese Tür hatte immer einen Spalt breit offen zu sein, damit Mohrchen nach nächtlichen Streifzügen durch ihr Revier wieder die Wohnung betreten konnte, um sich in ihrem Körbchen von den Strapazen eines stundenlangen Rundgangs auszuruhen. Mohrchen ihrerseits suchte das Weite und verschwand so heftig durch ihre Katzenklappe, dass diese noch einige Sekunden lang nachschwang.

Abends beim Abendbrot wurde die Katze zum ersten Mal vermisst. Das Abendbrot ließ sich Mohrchen nie entgehen. Sie war immer da, egal, wo sie vorher gewesen war. An diesem Abend schmollte sie und bestrafte Mutters Schimpforgie mit Nichtanwesenheit. Die Zwischentür war längst schon wieder geöffnet, sodass die schmollende Übeltäterin ohne Weiteres bei Tisch hätte erscheinen können. Nein, sie zog es vor, die Familie noch ein wenig in Sorge zu lassen. Mit Mohrchen schreit man nicht einfach so rum, und Verjagen würde sie sich schon gar nicht gefallen lassen. Vater scherzte und neckte Mutter, weil sie die schwarze etwas hochnäsige Gräfin beleidigt hatte. Mutter verteidigte sich vehement. Sie erklärte klipp und klar, dass sie sich nicht von einer Kratzbürste die Tapete würde ruinieren lassen. Ja, sie kündigte sogar noch die Steigerung ihrer Strafmaßnahmen an, indem sie drohte, dem armen Mini-Raubtier auch noch das Hinterteil zu versohlen. Diese Bemerkung wurde allerdings von den Kindern mit schallendem Gelächter quittiert. Die beiden stellten sich vor, wie die Mutter hinter der Katze her rennen würde, ohne auch nur den Hauch einer Chance zu haben, die flinke Flüchtende zu erwischen, um ihr das Hinterteil zu versohlen.

Die Sorge um die verschwundene Katze wurde durch die lustigen Frotzeleien ein wenig in den Hintergrund gedrängt, aber irgendwann war dann doch Schluss mit der

Fröhlichkeit. Die Kinder wurden zu Bett geschickt. Sie sollten morgens ausgeschlafen sein. Die Ferien waren schon lange zu Ende und die Anforderungen des Schulalltags duldeten keine Müdigkeit. Der Vater und die Mutter saßen noch ein wenig zusammen und ließen den vergangenen Tag noch mal an sich vorüberziehen. Jeder erzählte seine Erlebnisse, das, was er als gut empfunden hatte, und das, was weniger gut in Erinnerung war. Mutter bedauerte es ein wenig, dass sie das Mohrchen so laut ausgeschimpft und dass sie es sogar verscheucht hatte. Ganz tief im Inneren regte sich eine Angst, dass das Mohrchen so beleidigt sein könnte, dass es gar nicht mehr nach Hause kommen wolle.

Vater sah die Sache gelassener. Er beruhigte seine Frau. Sie habe doch recht gehabt und die Katze würde nach diesem Erlebnis mit Sicherheit nie wieder an der Tapete kratzen. So getröstet versuchte die Mutter, die aufkeimende Angst und das schlechte Gewissen zu verdrängen, was ihr allerdings nur bruchstückhaft gelang. Sie stellte für Mohrchen noch eine Schale ihres Lieblingsfutters hin, sozusagen als kleine Entschuldigung für die Schimpfkanonade, vergewisserte sich noch einmal, dass die Zwischentür einen Spalt weit offen war, und dann ging sie zu Bett. Vater war schon fast eingeschlafen. Er fragte besorgt, ob alles in Ordnung sei, und als die Mutter dies bejahte, fielen ihm fast augenblicklich die Augen zu.

Seinen wohlverdienten Schlaf konnte er allerdings nicht lange genießen. Er träumte, dass die Haustürklingel Alarm schlagen würde und dass Mohrchen vor der Tür stehen würde. Sie war aber kein süßes kleines Kätzchen mehr, sondern ein großer schwarzer Tiger mit rot glühenden Augen und langen spitzen Zähnen. Die Pfote, mit dem dieses Ungeheuer den Klingelknopf gedrückt hatte, war gespickt mit zentimeterlangen scharfen Krallen, die ihn zerrissen hätten, wäre er nicht rechtzeitig aufgewacht. Verwirrt schaute er sich um und sah, dass die Mutter aufrecht im Bett saß, die Nachttischlampe eingeschaltet hatte und ihn an der Schulter rüttelte. „Es klingelt, wach auf“, raunte sie ihm zu, so, als müsse sie flüstern in Erwartung eines schlimmen Ereignisses, das durch Flüstern seinen Schrecken verlieren würde.

Der Vater war genauso ratlos wie die Mutter und fragte sich, was es Wichtiges geben könnte, das ein anhaltendes Klingeln mitten in der Nacht rechtfertigen könne. Nein, das Klingeln hörte nicht auf. Er war gezwungen, zur Haustür zu gehen, um nachzusehen, wer die Frechheit besitzen würde, nachts an fremder Leute Haus zu klingeln.

… Sein Traum war noch nicht ganz verblasst. Er spürte noch ein diffuses Unwohlsein, das ihn zögern ließ. Mittlerweile hatte er einen Bademantel übergezogen und näherte sich der Haustür. Durch die geschlossene Tür fragte er ein wenig zögernd, wer denn da draußen sei. Erleichtert erkannte er nun die Stimme seines Nachbarn, der ihn bat, die Tür zu öffnen, es sei etwas Schlimmes passiert. Oh nein, seinem Nachbarn sei gewiss ein schlimmes Unglück geschehen und er würde ihm sofort helfen. Auf der Stelle öffnete er die Haustür, bereit, sofort Hilfe zu leisten. Etwas verwundert sah er, dass sein Nachbar heil vor ihm stand und anscheinend keiner Hilfe bedurfte. Die Botschaft allerdings, die der Nachbar ihm brachte, schockierte ihn so sehr, dass er mit aller Kraft die Tränen zurückhalten musste.

Mittlerweile war auch die Mutter in ihren Bademantel geschlüpft und stand dicht hinter ihm. Sie musste mit anhören, dass das Mohrchen oben an der Hauptstraße überfahren worden sei und dass es jetzt tot am Straßenrand liegen würde. Der Nachbar wolle nur Bescheid sagen, weil doch die Kinder in der Frühe auf ihrem Schulweg dort vorbeigehen mussten. Es würde ein ganz traumatisches Erlebnis für sie sein, wenn sie sehen müssten, dass ihr geliebtes Mohrchen tot in der Straßenrinne liegen würde. Nein, solch ein Erlebnis musste man den Kindern ersparen.

Die Mutter brach sofort in Tränen aus. Sie war untröstlich und gab sich selbst die Schuld an Mohrchens Tod. Vater und Mutter bedankten sich bei ihrem Nachbarn. Sie rechneten ihm sein umsichtiges Verhalten hoch an. Er hatte an die Kinder gedacht, die vor diesem grausamen Bild geschützt werden müssten.

Der Nachbar bot sich an, dem Vater zu helfen, wenn er das Mohrchen vom Ort des tödlichen Unfalls entfernen wolle. Der Vater nahm das Angebot dankend an. Er nahm nun eine Schaufel und einen Sack mit, um

Mohrchens Leiche wegzubringen. Die Kinder sollten in der Frühe unbehelligt vom Kummer über den grausamen Tod ihres geliebten Kätzchens zur Schule gehen können. Die Mutter sorgte sich, wie man ihnen Mohrchens Verschwinden erklären wolle. Der Vater wiegelte ab, man würde erst darüber nachdenken, wenn das tote Kätzchen im Garten eine letzte Ruhestätte gefunden habe.

Der Vater und der Nachbar gingen nun zur Hauptstraße, um die kleine Leiche zu bergen. Die Mutter schaltete unter Tränen in der Zwischenzeit die Gartenbeleuchtung ein und suchte ein würdiges Plätzchen, um das Mohrchen zu beerdigen. Es sollte nicht einfach verscharrt werden, sondern einen würdigen Ruheplatz erhalten. Kaum hatte sie diesen Platz gefunden, kamen auch schon der Vater und der Nachbar mit der traurigen Fracht in den Garten. Schnell war das Grab in der weichen Gartenerde ausgehoben und das geliebte Haustier wurde hinein gebettet. Sie hatten die Kleine aus dem Jutesack herausgenommen und in ein weißes Laken eingewickelt. Ein letzter Blick auf das zerschundene Körperchen ließ das Grauen und die Trauer noch einmal heftig hochkommen. Sogar die Augen des Nachbarn füllten sich mit Tränen, obwohl er manchmal sauer war, wenn das Kätzchen in seinem Garten in den Gemüsebeeten gescharrt hatte. Nun aber litt er mit seinen Nachbarn.

Das Grab wurde jetzt schnell mit der ausgehobenen Erde gefüllt und man ging gemeinsam ins Haus. Der Weg durch den Partyraum, die Treppe hinauf zum Erdgeschoss war wie ein Kreuzweg mit Schmerz und Trauer besetzt. Die Mutter schloss nun die Zwischentür vom Treppenhaus zur Diele. Es war nicht mehr nötig, diese Tür für Mohrchen offen zu halten. Mohrchen war tot und beerdigt.

Der Nachbar verließ nun die beiden Trauernden. Er war froh, dass er hatte helfen können, aber genauso froh war er, die bedrückende Stimmung hinter sich lassen zu können. Die Mutter und der Vater gingen wieder zu Bett. Todmüde schliefen sie auch bald ein. Ein ruhiges, erholsames Schlafen war aber nicht drin. Beide wurden von wirren Träumen geplagt. Einmal schreckte die Mutter auf. Sie bildete sich ein, sie hätte das Mohrchen kratzen und miauen gehört, verwarf den Gedanken aber sofort, sie selbst hatte Hand mit angelegt, das Kätzchen zur letzten Ruhe zu betten. Auch der Vater verbrachte eine unruhige Restnacht mit Träumen und Illusionen. Einmal glaubte er, den metallenen Klang zu hören, wenn das Futterschüsselchen aus Edelstahl über den Fliesenboden in der Küche geschoben wird, und dann wachte er auf, weil er ein Schlabbern hörte, als ob jemand Wasser aus einem Napf trinken würde. Weg mit den Hirngespinsten. Es sind nur Traumbilder, produziert von überreizten, übermüdeten Nerven.

Er war froh, als die Nacht vorüber war. Auch die Mutter war erleichtert, dass die schlimmste Nacht, die sie jemals erlebt hatte, vorüber war. Sie sehnte sich nun nach einem starken Kaffee, der ihr jetzt helfen würde, wieder in ihren normalen Tagesablauf zu finden. Der Vater war schon im Bad und sie hatte ein wenig Zeit, Kaffee zuzubereiten. Auf dem Weg zur Küche, halb verschlafen noch, kam ihr der Sohn entgegen. Er warf ihr einen wütenden strafenden Blick zu, den sie zwar registrierte, aber bei bestem Willen nicht verstehen konnte. Als sie sich bei dem Jungen erkundigte, warum er sie so böse anschaue, schleuderte er ihr den Vorwurf entgegen, dass die Zwischentür vom Treppenhaus zur Diele geschlossen gewesen sei und dass er habe aufstehen müssen, um Mohrchen reinzulassen. Sie habe unaufhörlich miaut und gekratzt.

Verständnislos schaute die Mutter ihren Sohn an. Mohrchen war tot und beerdigt, wie hätte sie dann miauen und kratzen können? Ungläubig schüttelte sie den Kopf und überlegte verzweifelt, was sie ihm hätte sagen können über die vergangene Nacht. Der Vater war mittlerweile dazugekommen und hatte mitgehört, was der Sohn erzählt hat.

Ja, und dann geschah das Unglaubliche, das Mutter und Vater an den Rand des Wahnsinns brachte. Nach dieser schrecklichen Nacht glaubten sie, ein Gespenst zu sehen. Eine schwarze Katze erwachte gerade auf der Couch, streckte sich, schob die Vorderpfoten weit nach vorne und hob ihr Hinterteilchen in die Höhe. Dann war sie hellwach, lief zu ihren geliebten Menschen und strich ihnen um die Beine. Die Mutter wurde kreidebleich und wäre fast ohnmächtig geworden. In ihrem Kopf wirbelten jetzt tausend Gedanken durcheinander. Eine Katze hat sieben Leben und was hier um ihre Beine strich, war die Katze in ihrem zweiten Leben. Vielleicht war Mohrchen gar nicht tot gewesen in der Nacht. Die Haare standen ihr zu Berge, was für ein Horrorgedanke, sie hatten die Katze lebendig begraben. Das wäre ja noch schlimmer, als eine tote Katze zu beerdigen. Sie eilte zum Fenster, um in den Garten zu schauen, der von den ersten hellen Sonnenstrahlen erleuchtet wurde. Hatte sie alles nur geträumt, gab es im Garten gar kein Grab? Sie schaute und schaute und schaute. Doch, das Grab war noch da und es war unberührt! Wie konnte eine tote Katze aus einem unberührten Grab rauskommen? Sie verstand gar nichts mehr. Tot? Lebendig? Gespenst? Sieben Leben? Zweites Leben? Fata Morgana? War es der Geist von Mohrchen, der uns hier zum Narren hielt?

Dann kam ihr der Gedanke, dass sie selbst vielleicht gestorben sein könne und es nur noch nicht bemerkt habe. Real war die Situation nicht, solch unerklärliche Dinge können doch nur in einer Art Zwischenwelt geschehen. Ja, das musste die Erklärung sein. Mohrchen war tot und begraben und sie selbst war auch tot, vielleicht war sie sogar schon begraben? Sie erinnerte sich, dass eine Freundin ihr gesagt hatte, dass man im Tod die Tiere wiedertreffen würde, mit denen man ein ganz inniges Verhältnis gehabt hätte. Sie murmelte nur noch, dass sie tot sei, und fragte den Vater, ob sie auch schon begraben sei.

Diesem wurde mit einem Mal klar, dass seine Frau kurz vor einem Abgleiten in den Wahnsinn stand. Er nahm sie tröstend in die Arme und bot ihr die nächstliegende Erklärung an. Mohrchen sei nicht überfahren worden, sie sei nicht tot gewesen und was hier rund um die Beine strich, war das Mohrchen, quicklebendig und unversehrt.

Sie konnte es nicht glauben, sie selbst habe die tote Katze in ein Bettlaken gehüllt und ins Grab gelegt, daran sei nicht zu rütteln. Sie zweifelte so lange, bis der Vater zu bedenken gab, dass es eine fremde Katze gewesen sei, die sie in der Nacht begraben hatten. In der Dunkelheit und bei den schweren Kopfverletzungen sei nicht zu erkennen gewesen, dass es ein fremdes Tier war. Mit dieser Erklärung konnte die Mutter einverstanden sein. Ihr Weinen wich einem zaghaften Lachen und bald waren alle Unklarheiten beseitigt.

Oh je, wer hätte das gedacht, dass wir als virtuelle Spione solch ein Drama miterleben würden. Hier an dieser Stelle klinken wir uns aus und überlassen die Familie Hofmann sich selbst. Sie haben jetzt genug Gesprächsstoff für die nächsten Wochen. Und wir sind ungewollt in ein Familiendrama reingeraten, das wir uns so nicht gewünscht hatten. Was wollten wir denn überhaupt? Ach ja, wir wollten nachforschen, ob Katzen tatsächlich sieben Leben haben. Fast hätten wir den Beweis antreten können, dass zumindest zwei Leben durch eigene Anschauung nachgewiesen werden können. Hm, das ging dann ja wohl daneben. Trotzdem war es eine gute Erfahrung. Wir bleiben am Ball – Versprochen!

Poltergeist

Kaum war er aufgestanden, da bemerkte er, dass in der Nachbarwohnung ein merkwürdiges Gepolter zu hören war. Was war da los? Sollte er mal nachschauen? Nein, lieber nicht – oder doch? Vielleicht brauchte jemand seine Hilfe? Hm, er wusste ja nicht einmal, wer in der Nachbarwohnung lebte. Nein, er würde nicht rübergehen und nachschauen, was der Lärm zu bedeuten hätte. Vielleicht waren Handwerker zugange? Aber soooo früh? Es war nicht einmal 6 Uhr. Nein, diesen Gedanken verwarf er sofort wieder.

… Mittlerweile stieg die Unruhe in ihm. Der Lärm verstärkte sich zunehmend und machte ihm ein wenig Angst. Sein Herz pochte schneller, die Verunsicherung verstärkte sich und er begann in seiner kleinen Wohnung hin und her zu wandern. War es der Ärger wegen der frühen Störung oder war es seine Ratlosigkeit, die ihn schwanken ließ zwischen Hilfsbereitschaft und Verärgerung. Er wollte natürlich nicht als neugierig erscheinen, deshalb zögerte er. Aber wenn wirklich jemand Hilfe brauchte, durfte er den Hilferuf in Form von Lärm ignorieren?

Sein Gewissen ließ jetzt unentwegt bizarre Bilder in ihm entstehen, von gestürzten Senioren, die durch das Gepolter auf sich aufmerksam machen wollten, oder von Einbrechern, die die Wohnung durchwühlten. Nein, Einbrecher würden niemals so viel Lärm machen. Was war das nur? Es machte ihm Angst. Schweißperlen traten nun auf seine Stirn und ein diffuses Schuldgefühl kroch in ihm hoch. Nein, er wollte keine Schuld auf sich laden, deshalb entschloss er sich, trotz seiner vorherigen Bedenken nachzusehen, was um alles in der Welt in der Nachbarwohnung vor sich ging.

Vorsichtig öffnete er seine Wohnungstür und sah sich auf dem langen Flur um. Hinter den Wohnungstüren der Appartements regten sich noch keine Morgenaktivitäten. Es war ja auch noch viel zu früh. Mit Schrecken bemerkte er, dass die Tür zur Nachbarwohnung nur angelehnt war. Vorsichtig schlich er zu der Tür, die plötzlich mit einem furchtbaren Krachen aus den Angeln flog, just in dem Moment, als er sie vorsichtig aufdrücken wollte. Ein heftiger Luftzug warf ihn zu Boden und wie von unsichtbaren brutalen Händen wurde er in die Wohnung gezerrt.

… Als er seinen Kopf hob, fiel sein Blick auf ein unglaubliches Chaos. Möbel lagen kreuz und quer durchs ganze Wohnzimmer verstreut, Gardinen und Vorhänge waren von den Fenstern gerissen, Bilder, die vorher an der Wand gehangen hatten, lagen zerbrochen und zerrissen zwischen den umgeworfenen Möbelstücken und ein bestialischer Gestank erfüllte die ganze Wohnung.

… Das Rumpeln und Lärmen hatte aufgehört und Totenstille legte sich wie ein düsteres Tuch über das ganze Durcheinander. Er lag immer noch am Boden, starr vor Schreck und wie gelähmt vor Angst. Er konnte sich nicht erklären, welche dunklen Mächte diese Wohnung beherrschten. Halb besinnungslos vor Grauen starrte er die gegenüberliegende Wand an, denn dort erschien jetzt wie aus dem Nichts ein diabolisches Gesicht. Zuerst nur schemenhaft, dann aber immer deutlicher. Die hohlen fahlen Augen starrten ihn bohrend an und aus einem feurigen weit aufgerissenen Mund kam ein ohrenbetäubendes teuflisches Lachen, das noch Jahre nach diesem Poltergeisterlebnis gellend in seinen Ohren klang.

Eine gnädige Ohnmacht erlöste ihn aus dem gruseligen Spukgeschehen und legte sanft ihre Hand auf sein aufgeregtes, völlig verängstigtes Gemüt. Als er wieder aufwachte, wurde er gewahr, dass sich Polizisten, Rettungssanitäter und ein Arzt um ihn bemühten, und nur ganz langsam kam seine Erinnerung zurück. Erschrocken schloss er wieder seine Augen in der Hoffnung, dass alles, was er erlebt hatte, nur ein Traum gewesen sein mochte. Aber das Chaos und der Gestank in der Wohnung belehrten ihn eines Besseren.